大方廣佛華嚴經卷第四十六變相

大方廣佛華嚴經

일러두기

1. 『대방광불화엄경 강설』 원문原文의 저본底本은 근세에 교정이 가장 잘 되었다고 정평이 나 있는 대만臺灣의 불타교육기금회佛陀教育基金會에서 출판한 『화엄경소초華嚴經疏鈔』본입니다.

2. 『대방광불화엄경 강설』은 실차난타實叉難陀가 695년부터 699년까지 4년에 걸쳐 번역해 낸 80권본卷本 『대방광불화엄경』을 우리말로 옮기고 강설을 붙인 것입니다.

3. 『대방광불화엄경』은 애초 산스크리트에서 한역漢譯된 경전이지만 현재 산스크리트본은 소실된 상태입니다. 산스크리트를 음차한 경우 굳이 원래 소리를 표기하려고 하기보다는 『표준국어대사전』이나 『불교사전』 등에 등재된 한자음을 사용하는 것을 원칙으로 하였습니다.

4. 경문의 한글 번역은 동국역경원본을 참고하여 그대로 또는 첨삭을 하며 의미대로 번역하고 다듬었습니다.

5. 각 품마다 내용에 따라 단락을 나누고 제목을 달았습니다. 단락의 제목은 주로 청량淸凉스님의 견해에 기초하였고 이통현李通玄장자의 견해를 참고로 하였습니다.

6. 『대방광불화엄경 강설』의 발행 순서는 한역 경전의 편재 순서를 기준으로 하였고 각 권은 단행본 한 권씩으로 출간될 예정이며 모두 80권으로 완간됩니다. 다만 80권본에 빠져 있는 「보현행원품」은 80권본 완역 및 강설 후 시리즈에 포함돼 추가될 예정입니다.

7. 『대방광불화엄경 강설』 안에서 불교용어를 풀이한 것은 운허스님이 저술하고 동국역경원에서 편찬한 『불교사전』을 인용하였습니다.

8. 각주의 청량스님의 소疏는 대만에서 입력한 大方廣佛華嚴經 사이트의 것을 사용하였습니다.

9. 『대방광불화엄경 강설』 입법계품에 들어가는 문수지남도는 북송北宋시대 불국佛國선사가 선재동자가 53명의 선지식을 친견하여 법을 구하는 장면을 하나하나 그림으로 그린 것입니다.

대방광불화엄경 강설
제 37 권

二十六. 십지품十地品 4

실차난타實叉難陀 한역
무비스님 강설

서문

불자들이여, 보살은 이와 같은 삼매와 지혜의 힘을 얻고는 큰 방편으로 모든 일을 나타내 보입니다.

예컨대 보살은 비록 생사를 따라 죽기도 하고 태어나기도 함을 나타내 보이지마는 항상 열반의 경지에 머물러 있습니다.

보살은 또 비록 처자 권속들 속에 둘러싸여 있지마는 그들과는 항상 멀리 떠나 있기를 좋아합니다.

보살은 또 비록 원력으로써 다른 중생들과 함께 삼계에 태어나지마는 세상 법에 물들지 아니합니다.

보살은 또 비록 항상 참나, 참사람, 참마음의 적멸한 해탈열반의 경지를 누리고 있으나 중생들을 교화하고 제도하는 방편의 힘으로 열렬하게 보살행을 불타듯이 펼치고 있습니다. 그렇다고 해서 그 열렬함에 빠져 불에 타 버리지는 않습니다.

보살은 또 비록 그 깨달은 지혜가 부처님이 깨달으신 지혜를 수순하지마는 소승 성문이나 벽지불의 지위에 들어가기도 합니다.

보살은 또 비록 부처님의 경계를 얻었으나 마군들을 교화하느라고 마군의 경계에 머물기도 합니다.

보살은 또 비록 마군의 도를 초월했지마는 마군의 법을 버젓이 행하기도 합니다.

보살은 또 비록 외도들의 행과 같이 하지마는 부처님의 법을 버리지 아니합니다.

보살은 또 비록 일부러 중생을 위해 모든 세간을 따르지마는 일체 출세간법을 항상 행합니다.

보살은 또 비록 일체 장엄하는 일이 천신이나 제석천이나 범천왕과 사천왕이 가진 것보다 훨씬 뛰어나지마는 법을 좋아하는 마음을 버리지 않습니다.

이것이 보살이 세간과 출세간에 걸리지 아니하면서 세간사와 출세간사를 마음껏 펼쳐 보이는 지혜 방편입니다.

2016년 2월 1일

신라 화엄종찰 금정산 범어사

如天 無比

대방광불화엄경 목차

대방광불화엄경 강설 제37권

二十六. 십지품十地品 4

정종분正宗分

대방광불화엄경 강설

제37권

二十六. 십지품 4

6. 제6 현전지現前地를 설하다

1) 찬탄하고 법을 청하다

(1) 보살의 찬탄

보 살 기 문 제 승 행　　　기 심 환 희 우 묘 화
菩薩旣聞諸勝行하고　　**其心歡喜雨妙華**하며

방 정 광 명 산 보 주　　　공 양 여 래 칭 선 설
放淨光明散寶珠하야　　**供養如來稱善說**이로다

보살이 수승한 행을 이미 듣고는
그 마음 환희하여 꽃비 내리며
청정한 광명 놓고 진주를 흩어
여래께 공양하고 "훌륭하시다"고 칭찬하도다.

청량스님은 소疏에서 "경문을 바로 해석하는데 세 부분으로 나눈다. 제1은 앞의 법문을 찬탄하고 뒤의 법문을 청하는 내용이고, 제2는 제6 현전지의 법을 설하는 내용이고, 제3은 앞의 내용을 게송으로 거듭 설하는 부분이다."[1]라고 하였다.

소疏에서 설명한 것과 같이 제6 현전지現前地를 설하기 전에 먼저 그동안 설한 법문을 게송으로 찬탄하고 나서 새로운 법문을 청하는 형식을 취하고 있다. 게송의 내용과 같이 보살이 수승한 법문을 이미 듣고는 그 마음이 환희하여 하늘에서는 꽃비를 내린다. 또 한편 청정한 광명을 놓고 진주를 흩어 여래께 공양하면서 "참으로 훌륭하고 훌륭하시다."고 찬탄해 마지않는다.

(2) 천중天衆의 찬탄

백 천 천 중 개 흔 경　　　공 재 공 중 산 중 보
百千天衆皆欣慶하야　**共在空中散衆寶**와

화 만 영 락 급 당 번　　　보 개 도 향 함 공 불
華鬘瓔珞及幢幡과　**寶蓋塗香咸供佛**이로다

1) 正釋文, 亦有三分 : 第壹, 讚請分. 第貳, 正說分. 第參, 重頌分.

백천의 하늘대중 기뻐 날뛰며
공중에서 여러 가지 보배를 흩고
꽃다발과 영락과 깃대와 깃발
일산과 향으로써 부처님께 공양하도다.

보살들의 찬탄을 이어서 하늘의 대중들이 찬탄하는 내용이다. 역시 공중에서 여러 가지 보배를 흩고 꽃다발과 영락과 깃대와 깃발과 일산과 온갖 향으로써 부처님께 공양 올렸다.

(3) 천왕의 찬탄

자재천왕병권속 심생환희주공중
自在天王幷眷屬이 **心生歡喜住空中**하야
산보성운지공양 찬언불자쾌선설
散寶成雲持供養하고 **讚言佛子快宣說**이로다

자재천의 천왕과 여러 권속들
환희한 마음으로 공중에 있어
보배 흩어 구름 이뤄 공양하면서

"불자여, 빨리 설하시라."고 찬탄하도다.

다음은 자재천 천왕과 그의 권속들의 찬탄이다. 마음이 크게 환희하여 하늘에서 구름이 펼쳐지듯이 보배를 널리 흩어 공양 올리면서 "불자여, 어서 빨리 설하십시오."라고 찬탄하였다. 법문을 듣고 기뻐하는 모습이 역력하다.

(4) 천녀의 찬탄

무량천녀공중주　　공이악음가찬불
無量天女空中住하야　共以樂音歌讚佛하니

음중실작여시언　　불어능제번뇌병
音中悉作如是言호대　佛語能除煩惱病이로다

한량없는 천녀들이 허공중에 머물면서
음악을 연주하여 부처님을 찬탄하더니
음악으로 모두들 이러한 말을 하되
"부처님 말씀은 번뇌의 병을 없애 주도다."

다음은 한량없이 많은 천녀들의 찬탄이다. 그들도 역시

하늘에서 음악을 연주하고 노래를 불러 부처님을 찬탄하였다. "부처님 말씀은 번뇌의 병을 없애 주도다."라고 노래한다. 그렇다. 부처님은 중생들의 병을 치료하는 훌륭한 의사이시다. 마음에서 일어나는 병이라면 고치지 못할 것이 없다. 무릇 모든 병은 마음으로부터 생긴 것이다.

법 성 본 적 무 제 상　　유 여 허 공 불 분 별
法性本寂無諸相하야　**猶如虛空不分別**이라

초 제 취 착 절 언 도　　진 실 평 등 상 청 정
超諸取着絶言道하니　**眞實平等常淸淨**이로다

법과 성품 본래 고요하여 형상 없음이
허공이 아무런 분별없는 것과 같아서
모든 집착 초월하고 말이 끊어져
진실하고 평등하여 항상 청정하도다.

천녀들의 노래는 계속된다. 의상스님은 법성게에서 "법과 성품은 원융하여 두 가지 모양 없어서 모든 법이 움직이지 않고 본래로 고요하도다."라고 하였다. 천녀들의 노래는 그와 같은 뜻을 비유로 들었는데 "마치 허공이 텅 비어 아무런 분별이 없는 것과 같다. 그래서 모든 집착을 초월하여 일체 말이 끊어졌으며, 진실하고 평등하여 항상 청정하도다."라고 하였다.

약능통달제법성　　어유어무심부동
若能通達諸法性하면　**於有於無心不動**이나
위욕구세근수행　　차불구생진불자
爲欲救世勤修行이니　**此佛口生眞佛子**로다

만약 모든 법과 성품을 통달한다면
있고 없음에 마음이 동動하지 않고
세상을 구원하려 부지런히 수행하니
부처님의 설법 듣고 태어난 참다운 불자로다.

세상을 구원하려고 부지런히 수행하는 일은 곧 부처님 진리의 가르침을 널리 펴는 일이다. 이보다 더 훌륭한 수행은 없다. 부처님 진리의 가르침을 듣고 인생을 새롭게 사는 사람을 부처님의 설법을 듣고 다시 태어난 참다운 불자라고 한다. 이와 같은 사람이 세상에는 많아야 한다.

불 취 중 상 이 행 시 **不取衆相而行施**하며	본 절 제 악 견 지 계 **本絶諸惡堅持戒**하며
해 법 무 해 상 감 인 **解法無害常堪忍**하며	지 법 성 이 구 정 진 **知法性離具精進**하며

온갖 형상 취하지 않으나 보시를 행하며
모든 악은 본래 없으나 계행 지니고
법에는 해害가 없으나 항상 참고 견디며
법성에는 떠난 줄 알고도 정진하도다.

상을 취하지 않는다는 것은 마음에 상이 없다는 뜻이다. 상을 취하지 않으면서 보시를 행하는 것이 보살의 중도적 보시행이다. 진여자성에는 본래 악이 없다. 본래 악이 없으면서 계행을 굳게 지킨다. 이것이 또한 보살의 중도적 지계행이다. 참고 견디어야 할 해침이 없으나 항상 견디고 참고 기다린다. 이것이 또한 보살의 중도적 인내다. 법성에는 본래 일체 수행이나 정진을 떠나 있다. 이것을 잘 알면서 부지런히 정진하는 것이 또한 보살의 중도적 정진이다. 천녀들의 노래는 이와 같이 수준이 높다.

이 진 번 뇌 입 제 선　　　선 달 성 공 분 별 법
已盡煩惱入諸禪하며　　善達性空分別法하며
구 족 지 력 능 박 제　　　멸 제 중 악 칭 대 사
具足智力能博濟하야　　滅除衆惡稱大士로다

이미 번뇌 다했는데 선정에 들고
공한 성품 잘 알고도 법을 분별하며
지혜와 힘을 구족하여 널리 건지니
모든 악을 소멸하여 큰 보살이라 하도다.

여 시 묘 음 천 만 종　　　찬 이 묵 연 첨 앙 불
如是妙音千萬種으로　　讚已默然瞻仰佛이러니

이와 같은 묘한 음성 천만 가지로
찬탄하고 묵묵히 부처님 우러러보도다.

선정을 닦는 것도 역시 선정을 닦을 번뇌가 없건만 선정에 들고, 일체 법이 공한 줄 아나 일체 법을 분별한다. 이와 같이 중도적 수행으로 지혜를 구족하여 중생들을 널리 건진다. 그러므로 큰 보살이라 한다. 천녀들은 이러한 깊고 깊은 이치의 노래를 천 가지 만 가지로 부르고 나서 묵묵히 부처님을 우러러 바라보고 있다.

(5) 제6지를 청하다

해 탈 월 어 금 강 장　　　이 하 행 상 입 후 지
解脫月語金剛藏호대　**以何行相入後地**니잇고

해탈월보살이 금강장보살께 하는 말이
"다음 지위에 드는 행상은 어떠합니까?"

게송의 끝으로 해탈월보살이 "다음 지위에 드는 행상은 어떠합니까?"라고 하면서 금강장보살에게 제6지의 법문을 청하였다.

2) 제6지에 들어가는 열 가지 평등한 법

이시 금강장보살 고해탈월보살언
爾時에 金剛藏菩薩이 告解脫月菩薩言하사대

불자 보살마하살 이구족제오지 욕입제육
佛子야 菩薩摩訶薩이 已具足第五地에 欲入第六

현전지 당관찰십평등법
現前地인댄 當觀察十平等法이니

그때에 금강장보살이 해탈월보살에게 말하였습니다. "불자여, 보살마하살이 이미 제5지를 구족하고 제6 현전지現前地에 들어가려면 마땅히 열 가지의 평등한 법을 관찰하여야 하느니라."

이제 드디어 금강장보살이 "이미 제5지를 구족하고 제6 현전지現前地에 들어가려면 마땅히 열 가지의 평등한 법을 관찰하여야 하느니라."라고 하여 제6지의 법문을 시작하였다.

하등 위십 소위일체법무상고 평등
何等이 爲十고 所謂一切法無相故로 平等하며

무체고 평등 무생고 평등 무성고 평
無體故로 平等하며 無生故로 平等하며 無成故로 平

등 본래청정고 평등 무희론고 평등
等하며 本來淸淨故로 平等하며 無戱論故로 平等하며

무취사고 평등 적정고 평등
無取捨故로 平等하며 寂靜故로 平等하며

"무엇이 열인가. 이른바 일체 법이 형상이 없으므로 평등하고, 자체가 없으므로 평등하고, 나는 일이 없으므로 평등하고, 이뤄짐이 없으므로 평등하고, 본래부터 청정하므로 평등하고, 부질없는 말이 없으므로 평등하고, 취하고 버림이 없으므로 평등하고, 고요하므로 평등하니라."

마땅히 관찰해야 할 열 가지의 평등한 법이란 일체 법이 형상이 없으므로, 자체가 없으므로, 나는 일이 없으므로, 이뤄짐이 없으므로, 본래부터 청정하므로, 부질없는 말이 없으므로, 취하고 버림이 없으므로, 고요하므로 평등한 것 등이다.

여 환 여 몽　　여 영 여 향　　여 수 중 월　　여 경
如幻如夢하고 如影如響하고 如水中月하고 如鏡

중 상　　여 염 여 화 고　평 등　　유 무 불 이 고　평
中像하고 如焰如化故로 平等하며 有無不二故로 平

등
等이니라

"환영과 같고, 꿈과 같고, 그림자와 같고, 메아리와 같고, 물속의 달과 같고, 거울 속의 영상과 같고, 아지랑이와 같고, 화현과 같으므로 평등하고, 있고 없음이 둘이 아니므로 평등하니라."

또 일체 법이 환영과 같고, 꿈과 같고, 그림자와 같고, 메아리와 같고, 물속의 달과 같고, 거울 속의 영상과 같고, 아지랑이와 같고, 화현과 같으므로 평등하고, 있고 없음이 둘이 아니므로 평등한 것 등이다.

보 살　여 시 관 일 체 법 자 성 청 정　　수 순 무 위
菩薩이 如是觀一切法自性清淨하야 隨順無違

득입제육현전지　득명리수순인　미득
하야 得入第六現前地호대 得明利隨順忍이요 未得

무생법인
無生法忍이니라

"보살이 이와 같이 일체 법의 자성이 청정함을 관찰하고 수순하여 어김이 없으면 제6 현전지에 들어가나니, 밝고 날카로운 수순인隨順忍은 얻었으나 아직 무생법인無生法忍은 얻지 못하였느니라."

보살이 이와 같이 자체의 성품이 텅 비어 공함을 관찰하고 수순하여 어김이 없으면 제6 현전지에 들어간다. 밝고 날카로운 수순인隨順忍이란 일체 법이 형상이 없음과 자체가 없음과 나는 일이 없음과 이뤄짐이 없는 등의 이치를 잘 수순하는 진리이다. 그리고 무생법인無生法忍이란 불생불멸하는 진여 법성을 인지忍知하고 거기에 안주하여 움직이지 않는 진리의 경지이다. 보살이 제7지나 제8지나 제9지에서 얻는 깨달음이다.

3) 연기緣起를 열 가지 순역으로 관찰하다

(1) 연기의 상을 총체로 관하다

불자 차보살마하살 여시관이 부이대비
佛子야 此菩薩摩訶薩이 如是觀已에 復以大悲

위수 대비증상 대비만족 관세간생멸
爲首하며 大悲增上하며 大悲滿足하야 觀世間生滅

작시념 세간수생 개유착아 약리차착
하고 作是念호대 世間受生이 皆由着我니 若離此着

즉무생처
이면 則無生處로다

"불자여, 이 보살마하살이 이와 같이 관찰하고는 다시 대비大悲가 머리가 되고, 대비가 더 높음이 되고, 대비가 만족하여 세간의 나고 멸함을 관찰하고, 이런 생각을 하느니라. '세간에 태어나는 것이 모두 나에 집착한 탓이니, 만일 나를 여의면 곧 태어나는 일이 없으리라.' 라고 하니라."

제6 현전지에서는 12연기에 대해 여러 시각으로 관찰하여 살피면서 분석하는 내용으로 이루어졌다. 그래서 우선

12연기의 일반적인 설명을 살펴보기로 한다.

12연기는 십이인연十二因緣, 십이유지十二有支, 십이지十二支, 십이인생十二因生, 십이연문十二緣門, 십이견련十二牽連, 십이극원十二棘園, 십이중성十二重城, 십이형극림十二荊棘林이라고도 부른다. 삼계에 대한 미迷의 인과를 12로 나눈 것으로서 ① 무명無明은 미迷의 근본인 무지無知이다. ② 행行은 무지로부터 다음의 의식 작용을 일으키는 동작이다. ③ 식識은 의식 작용이다. ④ 명색名色은 이름만 있고 형상이 없는 마음과 형체가 있는 물질이다. ⑤ 육처六處는 안眼, 이耳, 비鼻, 설舌, 신身의 5관官과 의근意根이다. ⑥ 촉觸은 사물에 접촉함이다. ⑦ 수受는 외계로부터 받아들이는 고苦와 낙樂의 감각이다. ⑧ 애愛는 고통을 피하고 즐거움을 구함이다. ⑨ 취取는 자기가 욕구하는 물건을 취함이다. ⑩ 유有는 업業의 다른 이름이며 또는 소유함이다. 다음 세상의 결과를 불러올 업이다. ⑪ 생生은 이 몸을 받아 남이며 또는 살아감이다. ⑫ 노사老死는 늙어서 죽음이다.

또 어떤 때는 연기를 해석할 적에 1찰나刹那에 12연기를 갖춘다는 학설과, 시간적으로 3세世에 걸쳐 설명하는 2종이 있다. 뒤의 뜻을 따르면 양중인과兩重因果가 있다. 곧 식識으로부터 수受까지의 5를 현재의 5과果라 하고, 무명과 행을 현재의 과보를 받게 한 과거의 2인因[過現一重因果]이라 한다. 다음에 애와 취는 과거의 무명과 같은 혹惑이요 유有는 과거의 행과 같은 업業이니, 이 현재는 3인因에 의하여 미래의 생과 노사의 과果를 받는다[現未一重因果]라고 한다.

보살이 세간의 생겨나고 소멸함[世間生滅]을 관찰하고는 '세간에 태어나는 것이 모두 나에 집착한 탓이니, 만일 나를 여의면 곧 태어나는 일이 없으리라.'라고 생각하였다. 12인연에 대해 자세한 설명을 하기 전에 중생들의 모든 문제는 태어남으로부터 있게 되었고, 태어남은 '나'에 집착한 탓이다. '나'에 대한 집착이 없었다면 태어남도 없었을 것이다.

이와 같은 12인연에 의하여 중생들의 삶이 시작되고 끝을 맺으며 다시 끝이 씨앗이 되어 다음의 결과를 가져오는 것이 마치 끝이 없는 둥근 고리를 돌듯 하며 계속되는 사람의 삶과 죽음의 관계를 풀어 본 것이다.

부 작 시 념　범 부 무 지　집 착 어 아　상 구
復作是念호대 **凡夫無智**하야 **執着於我**하야 **常求**

유 무
有無하며

"또 생각하기를 '범부는 지혜가 없어 나에게 집착하여 항상 있는 것 없는 것을 구하도다.'

12인연 중에 맨 먼저 등장하는 무명無明의 인연을 밝혔다. 범부들은 무지해서 '나'만을 집착하여 항상 있는 것을 구하고 없는 것도 구한다. 이것이 무지무명의 소치다. 과거 생에서부터 '나'에 집착하며 살아온 결과가 이번 생을 맞아서도 이와 같은 일을 계속하는 것이다. 무명 속에는 이와 같은 내용이 들어 있다.

부 정 사 유　기 어 망 행　행 어 사 도　죄 행
不正思惟로 **起於妄行**하야 **行於邪道**하야 **罪行**

복 행 부 동 행　적 집 증 장
福行不動行을 **積集增長**하며

'바르게 생각하지 못하고 허망한 행을 일으켜 삿된 도를 행하므로 죄 받을 행[罪行]과 복 받을 행[福行]과 변동하지 않는 행[不動行]이 쌓이고 증장하도다.'

12인연의 두 번째인 행行의 인연을 밝혔다. 바르게 생각하면 일체 존재의 공성空性을 생각하여 어떤 허망한 행도 일으키지 않는다. 바르게 생각하지 못하는 생각이 작용[行]하기 때문에 삿된 도를 행하므로 죄 받을 행과 복 받을 행과 변동하지 않는 행이 쌓이고 증장하는 것이다.

어제행중 식심종자 유루유취
於諸行中에 **植心種子**하야 **有漏有取**하며

'여러 가지 행에 마음의 종자를 심고 번뇌[漏]도 있고 취함[取]도 있게 되었도다.'

세 번째인 식識의 인연을 밝혔다. 바르지 못한 생각이 여러 가지로 움직이므로 마음의 종자가 심어져서 번뇌[漏]도 있고 취함[取]도 있게 된 것이다. 무지무명이 작동하고 그 작동

들이 씨앗이 되어 온갖 것을 의식하고 분별한다.

부기후유 생급노사 소위업위전 식
復起後有의 **生及老死**하나니 **所謂業爲田**이요 **識**

위종 무명암부 애수위윤 아만개관
爲種이어든 **無明闇覆**하고 **愛水爲潤**하고 **我慢漑灌**하고

견망증장 생명색아
見網增長하야 **生名色芽**하며

'다시 뒤에 있을[後有] 살아감과 늙고 죽음을 일으키나니 이른바 업은 밭이 되고 식識은 종자가 되는데, 무명이 어둡게 덮이고 애정의 물이 적셔 주고 '나'라는 교만이 물을 대 주므로 소견의 그물이 증장하여 이름과 물질[名色]이라는 싹이 생겨나느니라.'

네 번째인 명색名色의 인연을 밝혔다. 명색名色은 이름뿐인 정신과 육근六根이 분명하기 이전의 물질이다. 그래서 단순히 이름과 물질이라고 한다. 그러나 이것이 곧 뒤에 올 살아감과 늙고 죽음을 일으킨다. "업은 밭이 되고 식識은 종자가

되는데, 무명이 어둡게 덮이고 애정의 물이 적셔 주고 '나'라는 교만이 물을 대 주므로 소견의 그물이 증장하여 이름과 물질[名色]이라는 싹이 생겨났다."

명색 증장 생오근 제근 상대생촉
名色이 增長하야 生五根하며 諸根이 相對生觸하며
촉대생수 수후희구생애 애증장생취
觸對生受하며 受後希求生愛하며 愛增長生取하며
취증장생유 유생이 어제취중 기오온
取增長生有하며 有生已하야는 於諸趣中에 起五蘊
신 명생 생이쇠변 위노 종몰 위사 어
身이 名生이요 生已衰變이 爲老요 終歿이 爲死라 於
노사시 생제열뇌 인열뇌고 우수비탄중
老死時에 生諸熱惱하고 因熱惱故로 憂愁悲歎衆
고개집
苦皆集이니라

'이름과 물질이 증장하여 오근이 생기고, 여러 근根이 상대하여 촉觸이 생기고, 촉과 상대하여 받아들임[受]이 생기고, 받아들인 뒤에 희망하여 구하므로 사랑이 생기고, 사랑이 증장하여 취함[取]이 생기고, 취함이 증장하여 소유[有]가 생기고, 소유가 생기면 여러 갈래 중에 5온蘊으로 된 몸을 일으키는 것을 살아감[生]이라고 이름하느니라. 살아감이 변하고 쇠하는 것을 늙는다 하고, 마침내 없어지는 것을 죽는다 하며, 늙어서 죽는 동안에 여러 가지 괴로운 번뇌[熱惱]가 생기고, 번뇌로 인하여 근심하고 걱정하고 슬퍼하고 탄식하는 여러 가지 고통이 다 모이느니라.'

육입六入의 인연 등 여덟 가지 인연을 모두 밝혔다. 육입과 촉, 수, 애, 취, 유, 생, 노사 등이다. 육입은 육근이다. 육근이 분명해지므로 감촉이 있게 되고, 다시 좋고 나쁜 것을 분별하여 좋은 것을 받아들여 애착한다. 애착하여 취하게 되고 자기의 소유로 삼는다. 그래서 살아감과 늙음과 죽음으로 이어진다. 이것이 12인연의 개괄적인 설명이다.

차인연고 집 무유집자 임운이멸

此因緣故로 **集**이라 **無有集者**하며 **任運而滅**이라

역무멸자　　보살　여시수순관찰연기지상
亦無滅者하니 **菩薩**이 **如是隨順觀察緣起之相**이니라

'이것은 인연으로 모이는 것이지 모으는 이가 없으며, 저절로 멸하는 것이지 멸하는 이가 없나니, 보살이 이와 같이 인연으로 생기는[緣起] 모양을 수순하여 관찰하느니라.'"

이 12인연의 모임은 특별히 모으는 이가 있는 것이 아니다. 또 저절로 소멸한다. 누군가 소멸시키는 이가 있는 것도 아니다. 보살은 이와 같이 인연으로 생기는[緣起] 모양을 수순하여 관찰한다. 12인연에 의한 사람의 삶이 모두 인연으로 생긴 것이므로 실체가 없고, 실체가 없으므로 텅 비어 공하다. 그 공한 속에는 색도 없고 수상행식도 없다. 그뿐만 아니라 안이비설신의도 없고, 색성향미촉법도 없다. 늙고 병들고 죽음까지도 없다. 지혜로운 보살은 이와 같이 관한다.

(2) 십이유지十二有支의 상속相續을 관찰하다

1〉 순관順觀

불자 차보살마하살 부작시념 어제일
佛子야 **此菩薩摩訶薩**이 **復作是念**호대 **於第一**

의제 불료고 명무명 소작업과 시행
義諦에 **不了故**로 **名無明**이요 **所作業果**가 **是行**이요

행의지초심 시식
行依止初心이 **是識**이요

"불자여, 이 보살마하살이 또 이렇게 생각하느니라. '제일가는 이치[第一義諦]를 알지 못하므로 무명이라 하고, 지어 놓은 업과業果를 행行이라 하고, 행이 의지한 첫 마음을 식識이라 하고,'

12인연을 무명에서부터 순서대로 관하는 순관의 방법이 있고 마지막 죽음부터 역으로 관하는 역관의 방법이 있다. 먼저 순관이다. 왜 무명이 생겼는가, 왜 행行이 생겼는가, 왜 식이 생겼는가? 먼저 이와 같이 세 가지를 관하였다.

여식공생사취온 위명색 명색증장 위
與識共生四取蘊이 **爲名色**이요 **名色增長**이 **爲**

육처 근경식삼사화합 시촉 촉공생유수
六處요 **根境識三事和合**이 **是觸**이요 **觸共生有受**요

'식과 함께 나는 4온을 이름과 물질[名色]이라 하고, 이름과 물질이 증장하여 6처處가 되고, 근根과 경계境界와 식이 화합한 것을 촉觸이라 하고, 촉과 함께 생기는 것을 받아들임[受]이라 하고,'

12인연 중에 명색과 육입과 촉과 수를 순順으로 관찰한 내용이다. 청량스님은 초抄에서 "4온이란 색色, 수受, 상想, 행行이니 곧 색온은 색[물질]이 되고 나머지 3온은 이름[名]이 된다."[2] 라고 하였다. 이와 같이 하여 세 가지는 이름인 정신이 되고 나머지 색은 물질이 된다. 6입을 6처라고도 하고 6근이라고도 한다. 그래서 6근과 6경계와 인식하는 6식이 합하여 촉이 된다. 감촉을 하므로 받아들임[受]이 생긴 것이다.

2) 言【四蘊】者, 謂色受想行. 則色蘊為色, 三蘊為名.

어수염착 시애 애증장 시취 취소기유
於受染着이 是愛요 愛增長이 是取요 取所起有

루업 위유 종업기온 위생 온숙 위노
漏業이 爲有요 從業起蘊이 爲生이요 蘊熟이 爲老요

온괴 위사
蘊壞가 爲死라

'받아들이는 데 물드는 것을 사랑[愛]이라 하고, 사랑이 증장한 것을 취함[取]이라 하고, 취함으로 일으킨 유루업有漏業을 유有라 하고, 업으로부터 온蘊을 일으키는 것을 살아감[生]이라 하고, 온이 성숙함을 늙음이라 하고, 온이 무너짐을 죽음이라 하느니라.' 라고 하였다."

12인연 중에 애와 취와 유와 생과 노사를 순으로 관찰하였다. 사람이 짓는 업은 무엇을 좋다고 사랑하여 취함으로부터 시작한다. 사랑하더라도 취하지 않으면 업이 되지는 않는다. 다시 업으로부터 쌓임[蘊]이 있게 되고 그 쌓임들이 곧 살아감이다. 살아감에는 당연히 늙음과 죽음이 따라오게 된다.

2〉 역관逆觀

사시이별　우미탐연　심흉번민　위수
死時離別에 **愚迷貪戀**하야 **心胸煩悶**이 **爲愁**요

체사자차　위탄　재오근　위고　재의지　위
涕泗咨嗟가 **爲歎**이요 **在五根**이 **爲苦**요 **在意地**가 **爲**

우　우고전다　위뇌　여시단유고수증장
憂요 **憂苦轉多**가 **爲惱**니 **如是但有苦樹增長**이언정

무아무아소　무작무수자
無我無我所하며 **無作無受者**니라

"또 생각하기를 '죽을 적에 이별하는 것을 어리석어 탐내고 그리워하여 가슴이 답답한 것을 근심 걱정이라 한다. 눈물 흘리며 슬퍼함을 탄식이라 하나니, 오근五根에 있어서는 괴로움이라 하고, 뜻에 있어서는 근심이라 하고, 근심과 괴로움이 점점 많아지면 시달림이라 하느니라. 이와 같이 다만 괴로움이란 나무가 자라거니와 나도 없고 내 것도 없고 짓는 이도 없고 받는 이도 없도다.' 라고 하느니라."

12인연을 역으로 관한다는 것은 죽음에서 늙음으로, 살아감으로, 소유로, 취함으로, 이와 같이 거슬러 올라가면서

관찰하는 것이다. 그러나 마지막 죽을 때의 광경을 소상하게 밝혀서 사람의 삶이 끝내는 이와 같다는 사실을 깨닫게 하였다. 사람이 어떤 과정으로 죽든 죽는 것은 당연한 삶의 결과이지만 세상과 이별하고 사람과 이별하고 재산과 명예와 이별하는 등의 이별만 있으므로 어리석어 더 살고자 하고 탐내고 그리워하는 마음에 근심 걱정과 슬픔만 가득하다. 눈물과 탄식과 괴로움에 시달리느라 정신을 잃고 만다. 이와 같이 천지에 괴로움만 가득하지만 실은 그 괴로움을 겪는 나 자신도 없고 나의 것도 없다. 짓는 자도 받는 자도 없다. 오온으로 된 사람이라는 그 자체가 모두 텅 비어 공할 뿐이다. 보살은 이와 같이 관찰한다.

부작시념 약유작자 즉유작사 약무작
復作是念호대 **若有作者**인댄 **則有作事**요 **若無作**

자 역무작사 제일의중 구불가득
者인댄 **亦無作事**어니와 **第一義中**엔 **俱不可得**이니라

"또 생각하기를 '만일 짓는 이가 있으면 짓는 일이 있을 것이요, 만일 짓는 이가 없으면 또한 짓는 일도 없

을 것이니, 제일가는 이치에는 모두 찾아볼 수가 없는 것이다.' 라고 하느니라."

사람의 삶이 12인연으로 되었으나 그것을 짓는 주체가 있다면 곧 지어 가는 일도 있을 것이다. 그런데 만약 짓는 주체가 없다면 또한 짓은 일도 없을 것이다. 그래서 제일가는 이치, 즉 존재의 공성空性에서 보면 그 무엇도 얻을 것이 없다. 오온으로 이뤄진 삶은 텅 비어 공할 뿐이다.

사람의 삶이 오온으로 된 실체가 있다고 집착하여 삼독을 경쟁하는 중생의 삶이 있다고 보는 가관假觀이 있는가 하면, 오온으로 된 사람의 근본이 처음부처 텅 비어 없다고 보는 공관空觀의 입장이 있다. 전자는 중생의 관점이요, 후자는 보살의 관점이다.

(3) 십이유지十二有支가 오직 한 마음

불자 차보살마하살 부작시념 삼계소

佛子야 **此菩薩摩訶薩**이 **復作是念**호대 **三界所**

유 유시일심 여래어차 분별연설 십
有가 唯是一心이라 如來於此에 分別演說하사대 十

이유지 개의일심 여시이립
二有支가 皆依一心하야 如是而立이라하시니라

"불자여, 이 보살마하살이 또 이렇게 생각하느니라. '삼계에 있는 것이 오직 한 마음뿐인데, 여래가 이것을 분별하여 12가지[十二有支]라 말하였느니라. 모두 한 마음을 의지하여 이와 같이 세운 것이니라.'

삼계가 오직 한 마음이며 12인연도 오직 한 마음이다. 그 모든 것이 오직 나의 한 마음의 영역 안에 있다. 여래께서는 이 사실을 깨달으시고 한 마음을 의지하여 12인연이 건립되었음을 설파하신 것이다. 이것이 공관과 아울러 보살의 중도관의 견해다.

하이고 수사탐욕 여심공생 심시식
何以故오 隨事貪欲이 與心共生하나니 心是識이요

사시행　　어행미혹　시무명　　여무명급심공
事是行이라 **於行迷惑**이 **是無明**이요 **與無明及心共**

생　시명색　　명색증장　시육처
生이 **是名色**이요 **名色增長**이 **是六處**요

'무슨 까닭인가. 일을 따라서 생기는 탐욕이 마음과 함께 나나니, 마음은 식識이요, 일은 행行이라. 행에 미혹함이 무명이며, 무명과 마음으로 더불어 함께 나는 것이 이름과 물질[名色]이요, 이름과 물질이 증장한 것이 6처處이니라.'

12인연은 과거와 현재와 미래에 걸쳐서 앞과 뒤를 이끌어 가며 생기는 것인데 무슨 까닭으로 12인연이 모두 한 마음을 의지한 것이라고 하는가? 이 까닭을 설명하고 있다. 그것을 곧 "일을 따라서 생기는 탐욕이 마음과 함께 나나니, 마음은 식이요, 일은 행이라. 행에 미혹함이 무명이며, 무명과 마음으로 더불어 함께 나는 것이 이름과 물질[名色]이다."라고 하였다. 이렇게 마음과 함께하여 12인연이 펼쳐진 것이다.

육처삼분합 위촉 촉공생 시수 수무
六處三分合이 爲觸이요 觸共生이 是受요 受無
염족 시애 애섭불사 시취 피제유지생
厭足이 是愛요 愛攝不捨가 是取요 彼諸有支生이
시유 유소기 명생 생숙 위노 노괴 위
是有요 有所起가 名生이요 生熟이 爲老요 老壞가 爲
사
死니라

'6처의 셋이 합한 것이 촉이요, 촉과 함께 생겨나는 것이 받아들임이요, 받아들임이 만족하지 않은 것이 사랑이요, 사랑으로 거두어 버리지 아니함이 취함이요, 이 여러 가지 생기는 것이 유요, 유가 일으킨 것이 살아감이요, 살아감이 성숙한 것이 늙음이요, 늙어서 무너짐을 죽음이라 하느니라.'"

6처의 셋이 합한 것이란 6근과 6진과 6식, 이 셋이 합한 것이 촉이라는 뜻이다. 다시 촉과 함께 생겨나는 것이 받아들임이요, 받아들임이 만족하지 않은 것이 사랑이다. 이와 같이 전전하여 늙어서 무너짐을 죽음이라 한다.

(4) 자체의 업이 다른 업을 도와 성립하다

불자 차중무명 유이종업 일 영중생
佛子야 **此中無明**이 **有二種業**하니 **一**은 **令衆生**

미어소연 이 여행작생기인
으로 **迷於所緣**이요 **二**는 **與行作生起因**이며

"불자여, 이 가운데 무명에 두 가지 업이 있으니, 하나는 중생으로 하여금 반연할 바를 미혹하게 함이요, 둘은 행을 생겨나게 하는 인[生起因]을 짓느니라."

무명에 두 가지 역할이 있다. 첫째는 무지무명이기 때문에 중생들로 하여금 일체 반연할 바를 미혹하게 한다. 또 하나는 다음의 인연인 행을 생겨나게 하는 원인[生起因]이 된다. 무명 안에 이미 그와 같은 두 가지 업이 내재되어 있다.

행역유이종업 일 능생미래보 이 여
行亦有二種業하니 **一**은 **能生未來報**요 **二**는 **與**

식작생기인
識作生起因이며

"행에도 또한 두 가지 업이 있으니, 하나는 능히 미래의 과보를 내는 것이요, 둘은 식을 생겨나게 하는 원인을 짓느니라."

행에도 이미 두 가지 업이 내재되어 있다. 항상 첫 번째는 그 인연의 자체 성질이고, 두 번째는 다음의 인연을 생겨나게 하는 원인을 짓는다. 다음의 식이나 명색이나 육처 나 모든 인연이 그와 같다.

식 역 유 이 종 업　일　영 제 유 상 속　이　여
識亦有二種業하니 **一**은 **令諸有相續**이요 **二**는 **與**

명 색 작 생 기 인
名色作生起因이며

"식에도 또한 두 가지 업이 있으니, 하나는 모든 존재[諸有]를 서로 계속하게 함이요, 둘은 이름과 물질[名色]을 생겨나게 하는 원인을 짓느니라."

명색 역유이종업 일 호상조성 이
名色도 亦有二種業하니 一은 互相助成이요 二는

여육처작생기인
與六處作生起因이며

"이름과 물질에도 또한 두 가지 업이 있으니, 하나는 서로 도와서 성립케 함이요, 둘은 6처를 생겨나게 하는 원인을 짓느니라."

육처 역유이종업 일 각취자경계 이
六處도 亦有二種業하니 一은 各取自境界요 二

여촉작생기인
는 與觸作生起因이며

"6처에도 또한 두 가지 업이 있으니, 하나는 각각 제 경계를 취함이요, 둘은 촉觸을 생겨나게 하는 원인을 짓느니라."

촉역유이종업 일 능촉소연 이 여수
觸亦有二種業하니 一은 能觸所緣이요 二는 與受

작생기인
作生起因이며

"촉에도 또한 두 가지 업이 있으니, 하나는 반연할 것을 능히 부딪침이요, 둘은 받아들임을 생겨나게 하는 원인을 짓느니라."

수역유이종업 일 능령수애증등사 이
受亦有二種業하니 一은 能領受愛憎等事요 二

여애작생기인
는 與愛作生起因이며

"받아들임에도 또한 두 가지 업이 있으니, 하나는 사랑스러운 일과 미운 일을 받아들임이요, 둘은 사랑을 생겨나게 하는 원인을 짓느니라."

애역유이종업 일 염착가애사 이 여
愛亦有二種業하니 一은 染着可愛事요 二는 與

취작생기인
取作生起因이며

"사랑에도 또한 두 가지 업이 있으니, 하나는 사랑할 만한 일에 물듦이요, 둘은 취함을 생겨나게 하는 원인을 짓느니라."

취역유이종업　일　영제번뇌상속　이
取亦有二種業하니 **一**은 **令諸煩惱相續**이요 **二**는

여유작생기인
與有作生起因이며

"취함에도 두 가지 업이 있으니, 하나는 여러 가지 번뇌를 서로 계속케 함이요, 둘은 유有를 생겨나게 하는 원인을 짓느니라."

유역유이종업　일　능령어여취중생　이
有亦有二種業하니 **一**은 **能令於餘趣中生**이요 **二**

여생작생기인
는 **與生作生起因**이며

"소유에도 두 가지 업이 있으니, 하나는 능히 다른 갈래에 태어나게 함이요, 둘은 태어남을 생겨나게 하는

원인을 짓느니라."

생역유이종업 일 능기제온 이 여
生亦有二種業하니 一은 能起諸蘊이요 二는 與

노작생기인
老作生起因이며

"태어남에도 두 가지 업이 있으니, 하나는 여러 온蘊을 일으킴이요, 둘은 늙음을 생겨나게 하는 원인을 짓느니라."

사람은 오온으로 되었으며 그 오온은 태어나면서부터 시작하였다. 또 태어났으므로 반드시 늙는다. 그래서 다음의 "늙음을 생겨나게 하는 원인을 짓느니라."라고 하였다.

노역유이종업 일 영제근변이 이 여
老亦有二種業하니 一은 令諸根變異요 二는 與

사작생기인
死作生起因이며

"늙음에도 두 가지 업이 있으니, 하나는 여러 근根이 변하여 달라지게 함이요, 둘은 죽음을 생겨나게 하는 원인을 짓느니라."

늙음이란 곧 눈과 귀와 코와 혀와 몸뚱이와 의식 등 모든 기관이 하나도 남김없이 모두 변하여 달라지는 일이다. 원효스님은 발심수행장에서 "단 음식을 먹고 애착하며 길러도 이 몸은 결정코 무너지며, 부드러운 옷을 입어 지키고 보호해도 목숨은 반드시 끝날 때가 있느니라."[3]라고 하였다. 늙으면 반드시 죽게 되어 있다. 사람이 혹자는 늙지 않고도 죽는 일이 있는데 하물며 늙었는데 죽지 않는 이가 있던가. 그래서 다음의 "죽음을 생겨나게 하는 원인을 짓는다."라고 하였다.

사역유이종업 일 능괴제행 이 불각
死亦有二種業하니 **一**은 **能壞諸行**이요 **二**는 **不覺**

3) 喫甘愛養하야도 此身은 定壞요 着柔守護하야도 命必有終이니라.

지고　상속부절
知故로 **相續不絶**이니라

"죽음에도 두 가지 업이 있으니, 하나는 모든 행을 파괴함이요, 둘은 깨달아 알지 못하므로 서로 계속되어 끊어지지 않느니라."

이와 같이 12인연에 각각 두 가지 업이 있어서 자체의 성질과 다음의 인연을 생겨나게 하는 원인이 있음 을 밝혔다. 실로 죽음은 모든 행을 파괴한다. 죽음 앞에 파괴되지 않는 일은 없다. 죽음 뒤에 무엇이 있던가. 몸이 있던가, 마음이 있던가. 재산이 있던가, 명예가 있던가. 산하대지가 있던가, 산천초목이 있던가. 그러므로 세상에서 가장 강력한 힘을 가진 것은 죽음이다. 하지만 죽음의 실상을 깨달아 알면 곧 생사를 초월하기 때문에 더 이상 생사윤회를 계속하지 않는다. 생사 문제를 깨달아 아는 것이 곧 생사윤회를 영원히 끊고 초월하는 길이다.

(5) 서로 떠나지 않고 있음을 관觀하다

불자 차중무명연행 내지생연노사자
佛子야 **此中無明緣行**으로 **乃至生緣老死者**는

유무명내지생위연 영행내지노사 부단조
由無明乃至生爲緣하야 **令行乃至老死**로 **不斷助**

성고
成故요

"불자여, 이 가운데서 무명은 행을 반연하고 내지 태어나는 것은 늙어 죽음을 반연하여 무명이나 내지 태어남이 연緣이 되어서 행이나 내지 늙어 죽음으로 하여금 끊어지지 않고 도와서 이루게 하는 연고이니라."

이 내용을 구체적으로 인용하면 "무명이 행을 반연하고, 행이 식을 반연하고, 식이 명색을 반연하고, 명색이 육입을 반연하고, 육입이 감촉을 반연하고, 감촉이 받아들임을 반연하고, 받아들임이 애착을 반연하고, 애착이 취해 가짐을 반연하고, 취해 가짐이 소유를 반연하고, 소유가 살아감을 반연하고, 살아감이 늙고 죽음을 반연하느니라."[4] 라고 하였다.

4) 無明緣行 行緣識 識緣名色 名色緣六入 六入緣觸 觸緣受 受緣愛 愛緣取 取緣有 有緣生 生緣老死.

무 명 멸 즉 행 멸 내 지 생 멸 즉 노 사 멸 자 유
無明滅則行滅로 乃至生滅則老死滅者는 由

무 명 내 지 생 불 위 연 영 제 행 내 지 노 사 단 멸
無明乃至生不爲緣하야 令諸行乃至老死로 斷滅

부 조 성 고
不助成故니라

"무명이 멸하면 행이 멸滅하므로 내지 생이 멸하면 늙고 죽음이 멸한다는 것은 무명과 내지 생이 인연이 되지 아니함을 말미암아서 모든 행과 내지 늙고 죽음으로 하여금 소멸하여 도와서 이루어지지 않게 하는 연고이니라."

이 내용도 역시 구체적으로 인용하면 "무명이 멸하면 행이 멸하고, 행이 멸하면 식이 멸하고, 식이 멸하면 명색이 멸하고, 명색이 멸하면 육입이 멸하고, 육입이 멸하면 감촉이 멸하고, 감촉이 멸하면 받아들임이 멸하고, 받아들임이 멸하면 애착이 멸하고, 애착이 멸하면 취해 가짐이 멸하고, 취해 가짐이 멸하면 소유가 멸하고, 소유가 멸하면 살아감이 멸하고, 살아감이 멸하면 늙고 죽음이 멸하느니라."[5] 라고

하였다.

(6) 갈대의 묶음과 같음을 관하다

불자　차중　무명애취부단　시번뇌도　행
佛子야 此中에 無明愛取不斷은 是煩惱道요 行

유부단　시업도　여분부단　시고도　전후제
有不斷은 是業道요 餘分不斷은 是苦道라 前後際

분별　멸　삼도단　여시삼도　이아아소
分別이 滅하면 三道斷이니 如是三道가 離我我所하야

단유생멸　유여속로
但有生滅이 猶如束蘆니라

"불자여, 이 가운데서 무명과 사랑과 취함이 끊어지지 않는 것은 번뇌의 길이요, 행行과 유有가 끊어지지 않는 것은 업의 길이요, 다른 것이 끊어지지 않는 것은 고통의 길이니라. 앞의 것[前際]이라 뒤의 것[後際]이라 하는 분별이 소멸하면 세 길이 끊어지나니, 이러한 세 길

5) 無明滅則行滅 行滅則識滅 識滅則名色滅 名色滅則六入滅 六入滅則觸滅 觸滅則受滅 受滅則愛滅 愛滅則取滅 取滅則有滅 有滅則生滅 生滅則老死滅.

은 '나'와 '내 것'을 여의고 다만 나고 소멸하는 것만이 있는 것이 마치 묶어서 세워 둔 갈대[束蘆]와 같으니라."

번뇌의 길과 업의 길과 고통의 길을 세 가지 길[三道]이라고 한다. 과거니 미래니 하는 시간성이 소멸하면 이 세 가지 길은 끊어진다. 번뇌와 업과 고통은 그 실체가 없어서 '나'와 '나의 것'을 떠났다. 다만 그 셋이 생기고 소멸하는 일만 있을 뿐이다. 비유하자면 갈대 묶음 석 단을 가지고 서로 의지하여 세우면 잠깐 세워져 있는 것과 같다. 한 단만 제거해도 나머지 두 단은 넘어져 버린다. 실로 12인연이 모두 그와 같다.

(7) 과거, 현재, 미래의 상속과 끊는 길

부차무명연행자 시관과거 식내지수 시
復次無明緣行者는 **是觀過去**요 **識乃至受**는 **是**

관현재 애내지유 시관미래 어시이후 전
觀現在요 **愛乃至有**는 **是觀未來**라 **於是以後**에 **展**

전 상 속　　　무 명 멸 행 멸 자　시 관 대 단
轉相續하나니 無明滅行滅者는 是觀待斷이니라

"다시 또 무명이 행의 연이 된다는 것은 과거를 관觀함이요, 식과 내지 받아들임은 현재를 관함이요, 사랑과 내지 소유는 미래를 관함이니 이 뒤부터 차츰차츰 서로 계속하느니라. 무명이 멸하면 행이 멸한다는 것은 관찰하고 상대하여 끊는[觀待斷] 것이니라."

12인연이 과거, 현재, 미래로 상속하는 것과 그 상속을 끊는 것을 밝혔다.

(8) 삼고三苦와 그 끊는 길

부 차 십 이 유 지　명 위 삼 고　차 중 무 명 행
復次十二有支가 名爲三苦니 此中無明行으로

내 지 육 처　시 행 고　촉 수　시 고 고　여 시 괴 고
乃至六處는 是行苦요 觸受는 是苦苦요 餘是壞苦니

무 명 멸 행 멸 자　시 삼 고 단
無明滅行滅者는 是三苦斷이니라

"또 십이인연十二因緣을 세 가지 괴로움[三苦]이라 하나니, 이 가운데 무명과 행과 내지 육처는 변천하는 괴로움[行苦]이요, 촉과 받아들임은 괴로운 데서 생기는 괴로움[苦苦]이요, 나머지 다른 것들은 무너지는 괴로움[壞苦]이니라. 무명이 멸하면 행이 멸한다는 것은 이 세 가지 괴로움이 끊어지는 것이니라."

괴로움에 변천하는 괴로움[行苦]과 괴로운 데서 생기는 괴로움[苦苦]과 무너지는 괴로움[壞苦]이라는 세 가지가 있음과 그것을 끊는 길을 밝혔다.

(9) 인연의 생멸生滅

부차무명연행자 무명인연 능생제행
復次無明緣行者는 **無明因緣**이 **能生諸行**이요

무명멸행멸자 이무무명 제행역무 여역여
無明滅行滅者는 **以無無明**에 **諸行亦無**니 **餘亦如**

시
是니라

"다시 또 무명이 행의 연이 된다는 것은 무명이 인연이 되어 여러 행을 내는 것이요, 무명이 멸하면 행이 멸한다는 것은 무명이 없으므로 여러 행도 또한 없음이니, 다른 것들도 역시 그러하니라."

인연의 생멸이란 "무명이 행을 반연하고, 행이 식을 반연하고, 식이 명색을 반연하고, 명색이 육입을 반연한다."는 등의 내용을 간단히 설한 것과 "무명이 멸하면 행이 멸하고, 행이 멸하면 식이 멸하고, 식이 멸하면 명색이 멸하고, 명색이 멸하면 육입이 멸한다."는 등의 내용을 간단히 설한 것이다.

(10) 생멸의 속박과 속박의 소멸

우무명연행자 시생계박 무명멸행멸자
又無明緣行者는 **是生繫縛**이요 **無明滅行滅者**

시멸계박 여역여시
는 **是滅繫縛**이니 **餘亦如是**니라

"무명이 행의 연이 된다는 것은 얽매여 속박됨[繫縛]을 내는 것이요, 무명이 멸하면 행이 멸한다는 것은 얽

매여 속박됨을 멸하는 것이니라. 다른 것들도 역시 그러하니라."

"무명이 행을 반연하고, 행이 식을 반연하고, 식이 명색을 반연하고, 명색이 육입을 반연한다."는 것은 곧 속박이고, "무명이 멸하면 행이 멸하고, 행이 멸하면 식이 멸하고, 식이 멸하면 명색이 멸하고, 명색이 멸하면 육입이 멸한다."는 것은 곧 속박의 소멸이다.

(11) 있는 것이 없어져서 다해 버림

우무명연행자 시수순무소유관 무명멸
又無明緣行者는 **是隨順無所有觀**이요 **無明滅**

행멸자 시수순진멸관 여역여시
行滅者는 **是隨順盡滅觀**이니 **餘亦如是**니라

"또 무명이 행行의 연緣이 된다는 것은 아무것도 없음을 수순하는 관찰이요, 무명이 멸滅하면 행이 멸한다는 것은 다하여 소멸함을 수순하는 관찰이니, 다른 것도 역시 그러하느니라."

"아무것도 없음을 수순하는 관찰"이란 12인연이 하나하나가 그 실상은 텅 비어 아무것도 없는데 인연으로 말미암아 있게 된 것이라고 관찰하는 것이다. 또 "다하여 소멸함을 수순하는 관찰"이란 12인연의 근본이 텅 비었으므로 궁극에는 12인연이 낱낱이 다하여 소멸한다고 관찰하는 것이다.

4) 십문十門을 총결總結하다

불자 보살마하살 여시십종역순 관제
佛子야 菩薩摩訶薩이 如是十種逆順으로 觀諸

연기 소위유지상속고 일심소섭고 자업
緣起하나니 所謂有支相續故며 一心所攝故며 自業

차별고 불상사리고 삼도부단고 관과거현
差別故며 不相捨離故며 三道不斷故며 觀過去現

재미래고 삼고취집고 인연생멸고 생멸계
在未來故며 三苦聚集故며 因緣生滅故며 生滅繫

박고 무소유진관고
縛故며 無所有盡觀故니라

"불자여, 보살마하살이 이와 같이 순順하고 역逆하여 모든 연기緣起를 관찰하느니라. 이른바 십이인연[有支]이 계속하는 연고며, 한 마음에 포섭되는 연고며, 자기 업業이 다른 연고며, 서로 버리고 떠나지 않는 연고며, 세 길이 끊어지지 않는 연고며, 과거와 현재와 미래를 관찰하는 연고며, 세 가지 괴로움이 모이는 연고며, 인연으로 나고 없어지는 연고며, 얽매여 속박됨을 만들고 멸하는 연고며, 아무것도 없고 다함을 관하는[無所有盡觀] 연고이니라."

12연기의 상을 총체적으로 관찰하고, 다음으로 열 가지 순역으로 관하여 결론짓는 내용이다. 앞에서 모두 제목으로 열거하였다.

5) 열 가지 관문觀門의 과果를 밝히다

(1) 세 가지 해탈문을 얻다

불자 보살마하살 이여시십종상 관제
佛子야 **菩薩摩訶薩**이 **以如是十種相**으로 **觀諸**

연기 지무아무인무수명 자성공 무작
緣起하야 知無我無人無壽命하며 自性空하며 無作

자무수자 즉득공해탈문현재전
者無受者하면 卽得空解脫門現在前하며

"불자여, 보살마하살이 이러한 열 가지 모양으로 모든 연기를 관찰하여 내가 없고 남이 없고 수명이 없고, 제 성품이 공하고 짓는 이가 없고 받는 이가 없음을 알고는, 곧 공한 해탈문[空解脫門]이 앞에 나타나게 되느니라."

연기를 관찰하여 얻는 공한 해탈문[空解脫門]은 3해탈문의 하나로서 삼라만상은 모두 인연으로 생긴 것이고, 실체가 없고 자성이 없는 공한 것이므로, 누구나 이 공에 통달하면 곧 해탈을 얻는다고 관하는 것이다.

관제유지 개자성멸 필경해탈 무유
觀諸有支가 皆自性滅하야 畢竟解脫하야 無有

소법상생 즉시 득무상해탈문현재전
少法相生하면 卽時에 得無相解脫門現在前하며

"모든 인연[有支]이 다 자성이 멸하여 필경에 해탈하고 조그만 법도 서로 내는[相生] 것이 없음을 관찰하면 곧 모양 없는 해탈문[無相解脫門]이 앞에 나타남을 얻게 되느니라."

모양 없는 해탈문[無相解脫門] 역시 3해탈문의 하나로서 무상삼매無相三昧와 같은 것이다. 사람의 일생이 12인연으로 이루어졌으나 그 12인연 하나하나가 모두 고성된 자성이 없다. 그래서 어떤 조그만 법도 서로 만들어 내는 것이 없음을 관찰하면 곧 모양 없는 해탈문이 앞에 나타난다.

여시입공무상이 무유원구 유제대비위
如是入空無相已에 **無有願求**호대 **唯除大悲爲**

수 교화중생 즉시 득무원해탈문현재
首하야 **敎化衆生**하면 **卽時**에 **得無願解脫門現在**

전 보살 여시수삼해탈문 이피아상
前하나니 **菩薩**이 **如是修三解脫門**하야 **離彼我想**하며

이 작 자 수 자 상　　이 유 무 상
離作者受者想하며 **離有無想**이니라

"이와 같이 공하고 모양 없는 데 들어가서는 원하여 구하는 것이 없고, 다만 대비大悲가 으뜸이 되어 중생을 교화할 뿐이니 곧 원이 없는 해탈문[無願解脫門]이 앞에 나타나게 되느니라. 보살이 이와 같이 세 가지 해탈문을 닦으면 나와 남에 대한 생각을 여의고, 짓는 이라는 생각과 받는 이라는 생각을 여의고, 있다는 생각과 없다는 생각을 여의느니라."

원이 없는 해탈문[無願解脫門] 역시 3해탈문의 하나다. 큰 자비로 중생을 교화하는 것은 보살의 마음에서 저절로 나타나는 것이므로 중생들의 원하는 바와는 다르다. 보살은 이와 같은 세 가지 해탈문으로 오온을 나라고 집착하는 생각을 떠났으며, 또 업을 짓는 이라는 생각과 업을 받는 이라는 생각을 떠났으며, 있다는 생각과 없다는 생각까지 다 떠났다. 세 가지 해탈을 설하였으나 이것은 어디까지나 자신의 해탈을 증득하는 아라한의 경지이지 보살의 큰 자비를 실천하는 보살행은 아니다. 해탈을 얻고 다시 보살행으로 회향

되어야 불교의 참마음이다.

(2) 수행이 더욱 수승해지다

불자 차보살마하살 대비전증 정근수
佛子야 **此菩薩摩訶薩**이 **大悲轉增**하야 **精勤修**

습 위미만보리분법 영원만고 작시념
習하나니 **爲未滿菩提分法**을 **令圓滿故**니라 **作是念**

일체유위 유화합즉전 무화합즉부전
호대 **一切有爲**가 **有和合則轉**하고 **無和合則不轉**하며

연집즉전 연부집즉부전
緣集則轉하고 **緣不集則不轉**하나니

"불자여, 이 보살마하살은 대비가 점점 더하여서 부지런히 닦나니, 아직 원만하지 못한 보리의 부분법을 원만케 하려는 연고이니라. 또 이렇게 생각하나니 '모든 함이 있는 법[有爲]이 화합하면 생겨나고[轉], 화합하지 않으면 생겨나지 못하며, 연緣이 모이면 생겨나고, 연이 모이지 않으면 생겨나지 못하느니라.'

보리의 부분법[菩提分法]이란 깨달음에 이르는 여러 가지

수행법이다. 37조도법 또는 37보리분법을 말하는데 여기에서는 12인연을 뜻한다. 이 법이 원만하지 못하므로 더욱 부지런히 수행하는 것이다. 일체 유위법은 원인들이 합하고 또 다른 조건들이 모이고 함으로 변화하고 생겨나는 것임을 밝혔다.

아 여 시 지 유 위 법 　 다 제 과 환 　 당 단 차 화 합
我如是知有爲法이 **多諸過患**인댄 **當斷此和合**
인 연 　 연 위 성 취 중 생 고 　 역 불 필 경 멸 어 제 행
因緣이나 **然爲成就衆生故**로 **亦不畢竟滅於諸行**
이라하나니라

'내가 함이 있는 법이 이렇게 허물이 큰 줄 알았으니, 마땅히 이 화합하는 인연을 끊을 것이나 그러나 중생을 성취하기 위하므로 또한 끝까지 여러 행을 멸하지 않으리라.' 라고 하느니라."

모든 유위의 법은 인연을 만나 생기고 소멸하며 여러 가지로 변화하여 무상하기가 이를 데 없어서 보살은 그것을

끊어 버리고자 하나 중생을 성취하기 위해서 하는 수 없이 유위법의 생멸변화를 끝까지 끊지 않고 따르는 것이다.

불자　　보살　　여시관찰유위　　다제과환
佛子야 菩薩이 如是觀察有爲가 多諸過患호대

무유자성　　불생불멸　　이항기대비　　불사
無有自性하야 不生不滅하고 而恒起大悲하야 不捨

중생　　즉득반야바라밀현전　　명무장애지
衆生하야 卽得般若波羅蜜現前하나니 名無障礙智

광명
光明이라

"불자여, 보살이 이와 같이 함이 있는 법이 허물이 크고 제 성품이 없어서 나지도 않고 멸하지도 않음을 관찰하고는 대비심을 항상 일으켜 중생을 버리지 아니하면 곧 반야바라밀다가 앞에 나타나나니, 이름이 장애가 없는 지혜의 광명이니라."

진정한 반야 지혜는 큰 자비심으로 중생을 버리지 않고 동고동락하면서 끝내는 교화하고 조복하는 보살행을 실현하는 일이다. 그것이 곧 "장애가 없는 지혜의 광명"이다.

성취여시지광명이　　수수습보리분인연
成就如是智光明已하야는 **雖修習菩提分因緣**

이부주유위중　　수관유위법자성적멸
이나 **而不住有爲中**하며 **雖觀有爲法自性寂滅**이나

역부주적멸중　　이보리분법　미원만고
亦不住寂滅中하나니 **以菩提分法**을 **未圓滿故**니라

"이와 같은 지혜의 광명을 성취하고는 비록 보리의 부분인 인연을 닦더라도 함이 있는 가운데 머물지 아니하며, 비록 함이 있는 법의 성품이 적멸함을 관찰하더라도 또한 적멸한 가운데도 머물지 아니하나니, 보리의 부분법이 아직 원만하지 못한 까닭이니라."

보리분법의 인연을 닦는데 유위에도 머물지 아니하며 유위를 떠난 적멸에도 머물지 아니한다. 유위나 적멸에 머물면 원만한 보리분법이 못 된다. 진정한 보살의 깨달음은 유위에도 머물지 않고 적멸에도 머물지 않기 때문이다.

(3) 삼매三昧가 수승해지다

불자　보살　주차현전지　득입공삼매
佛子야 **菩薩**이 **住此現前地**하야 **得入空三昧**와

자성공삼매　제일의공삼매　제일공삼매　대
自性空三昧와 **第一義空三昧**와 **第一空三昧**와 **大**

공삼매　합공삼매　기공삼매　여실불분별공
空三昧와 **合空三昧**와 **起空三昧**와 **如實不分別空**

삼매　불사리공삼매　이불리공삼매
三昧와 **不捨離空三昧**와 **離不離空三昧**하나니

"불자여, 보살이 이 현전지現前地에 머물고는 공한 삼매와, 자성이 공한 삼매와, 제일가는 이치의 공한[第一義空] 삼매와, 첫째 공[第一空] 삼매와, 크게 공한[大空] 삼매와, 합함이 공한[合空] 삼매와, 일어남이 공한[起空] 삼매와, 실상과 같이 분별하지 않음이 공한[如實不分別空] 삼매와, 떠나지 않음이 공한[不捨離空] 삼매와, 떠남과 떠나지 않음이 공한[離不離空] 삼매에 들어감을 얻느니라."

보살이 제6 현전지에 머물고 열 가지 삼매에 들어가게 됨을 밝혔다. 그러나 열 가지가 모두 공한 삼매다. 즉 주관인 아我가 공하고, 객관인 일체 법이 공하고, 제일가는 이치가

공한 삼매 등이다.

차보살 득여시십공삼매문위수 백천공
此菩薩이 **得如是十空三昧門爲首**에 **百千空**

삼매 개실현전 여시십무상십무원삼매문
三昧가 **皆悉現前**하며 **如是十無相十無願三昧門**

위수 백천무상무원삼매문 개실현전
爲首에 **百千無相無願三昧門**이 **皆悉現前**이니라

"이 보살이 이와 같이 열 가지 공한 삼매문을 얻은 것이 머리가 되어, 백천 가지 공한 삼매가 모두 앞에 나타나며, 이와 같이 열 가지 모양 없음과 열 가지 원이 없는 삼매문이 머리가 되어, 백천 가지 모양 없고 원이 없는 삼매문이 모두 앞에 나타나느니라."

열 가지 공한 삼매문이 머리가 되어 백천 가지 공한 삼매문이 앞에 나타나며, 또 열 가지 모양 없음과 열 가지 원이 없는 삼매문이 머리가 되어 백천 가지 모양 없음과 원이 없는 삼매문이 다 나타난다.

(4) 열 가지 마음이 원만하다

불자 보살 주차현전지 부갱수습만족불
佛子야 **菩薩**이 **住此現前地**에 **復更修習滿足不**

가괴심 결정심 순선심 심심심 불퇴전심
可壞心과 **決定心**과 **純善心**과 **甚深心**과 **不退轉心**과

불휴식심 광대심 무변심 구지심 방편혜
不休息心과 **廣大心**과 **無邊心**과 **求智心**과 **方便慧**

상응심 개실원만
相應心하야 **皆悉圓滿**하나니라

"불자여, 보살이 이 현전지에 머물고는 다시 파괴하지 못할 마음과, 결정한 마음과, 순전하게 선한 마음과, 매우 깊은 마음과, 퇴전하지 않는 마음과, 쉬지 않는 마음과, 광대한 마음과, 그지없는 마음과, 지혜를 구하는 마음과, 방편 지혜와 서로 응하는 마음을 닦아서 만족하여 모두 원만히 하느니라."

제6 현전지에 머물고는 열 가지 마음을 닦아서 원만히 함을 밝혔다. 마음은 본래 한 마음에서 중생을 위해 이와 같이 여러 가지로 변화하여 갖추는 것이다.

(5) 자재한 힘이 수승해지다

불자 보살 이차십심 순불보리 불구
佛子야 菩薩이 以此十心으로 順佛菩提하야 不懼

이론 입제지지 이이승도 취어불지
異論하며 入諸智地하며 離二乘道하며 趣於佛智하며

제번뇌마 무능저괴 주어보살지혜광명
諸煩惱魔가 無能沮壞하며 住於菩薩智慧光明하며

어공무상무원법중 개선수습 방편지혜
於空無相無願法中에 皆善修習하며 方便智慧로

항공상응 보리분법 상행불사
恒共相應하며 菩提分法을 常行不捨니라

"불자여, 보살이 이 열 가지 마음으로 부처님의 보리를 따르고, 다른 논리[異論]를 두려워하지 않으며, 모든 지혜의 지위에 들어가 이승二乘의 도를 여의고, 부처님 지혜에 나아가며, 여러 번뇌의 마군이 능히 저해하지 못하고, 보살의 지혜 광명에 머물며, 공하고 모양 없고 원이 없는 법 가운데서 잘 닦아 익히며, 방편의 지혜와 서로 응하며, 보리의 부분법을 항상 행하고 버리지 아니하느니라."

위에서 밝힌 열 가지 마음을 원만히 하면 부처님의 보리를 따르고 외도나 소승들의 주장을 두려워하지 않는다. 반드시 부처님의 지혜에 나아가며 성문이나 연각의 도를 떠나게 된다. 이와 같은 등의 자재한 힘이 수승하여진다.

불자 보살 주차현전지중 득반야바라
佛子야 **菩薩**이 **住此現前地中**하야 **得般若波羅**
밀행증상 득제삼명리순인 이어제법여
蜜行增上하며 **得第三明利順忍**하나니 **以於諸法如**
실상 수순무위고
實相에 **隨順無違故**니라

"불자여, 보살이 이 현전지에 머물고는 반야바라밀다행이 증장하고, 제3의 밝고 날카로운 순인[明利順忍]을 얻나니 모든 법의 실상과 같은 것을 따르고 어기지 않는 연고이니라."

제6 현전지는 십바라밀과 배대하면 반야바라밀에 해당하기 때문에 반야바라밀이 더욱 증장한다. "제3의 밝고 날카로운 순인[明利順忍]"에는 희인喜忍, 오인悟忍, 신인信忍의 정도교의 설도 있고, 음향인音響忍, 유순인柔順忍, 무생법인無生法忍의 무량수경의 설도 있다. 또 보살 수행의 계위階位를 5인忍으로 나눈 중에 제3지, 제4지, 제5지, 제6지의 보살을 일컫기도 한다.

6) 현전지現前地에 머문 공과

(1) 조화롭고 유연한 공과

불자 보살 주차현전지이 이원력고 득
佛子야 菩薩이 住此現前地已에 以願力故로 得

견다불 소위견다백불 내지견다백천억
見多佛하나니 所謂見多百佛하며 乃至見多百千億

나유타불 실이광대심심심 공양공경
那由他佛하야 悉以廣大心深心으로 供養恭敬하고

존중찬탄 의복음식 와구탕약 일체자생
尊重讚歎하야 衣服飮食과 臥具湯藥과 一切資生

실이봉시
을 悉以奉施하며

"불자여, 보살이 이 현전지에 머물고는 서원하는 힘으로 많은 부처님을 보게 되느니라. 이른바 여러 백 부처님을 보며, 내지 여러 백천억 나유타 부처님을 보는데, 모두 광대한 마음과 깊은 마음으로 공양하고 공경하고 존중하고 찬탄하며, 의복과 음식과 이부자리와 탕약과 모든 생활용품을 받들어 이바지하느니라."

현전지現前地에 머문 공과를 밝히는데 먼저 조화롭고 유연한 공과[調柔果]를 들었다. 백천억 나유타 부처님을 친견하여 모두 광대한 마음과 깊은 마음으로 공양하고 공경하고 존중하고 찬탄하며 의복과 음식과 이부자리와 탕약과 모든 생활용품을 받들어 이바지하는 공과를 얻는다.

역이공양일체중승 이차선근 회향아
亦以供養一切衆僧하야 **以此善根**으로 **迴向阿**

뇩다라삼먁삼보리 어제불소 공경청법
耨多羅三藐三菩提하며 **於諸佛所**에 **恭敬聽法**하고

문이수지 득여실삼매지혜광명 수순수
聞已受持하야 得如實三昧智慧光明하야 隨順修

행 억지불사
行하야 憶持不捨하며

"또 모든 스님에게도 공양하고 이 선근으로 아뇩다라삼먁삼보리에 회향하며, 여러 부처님 계신 데서 공경하여 법을 듣고 받아 지니며, 실상과 같은 삼매와 지혜의 광명을 얻고, 따라 수행하며 기억하고 버리지 아니하느니라."

또한 모든 스님에게도 공양하고 이 선근으로 가장 높은 바른 깨달음에 회향하고, 많은 부처님 계신 데서 공경하여 법을 듣고 받아 지니며 실상과 같은 삼매와 지혜의 광명을 얻게 된다.

우득제불심심법장 경어백겁 경어천
又得諸佛甚深法藏하야 經於百劫하며 經於千

겁 내지무량백천억나유타겁 소유선근
劫과 乃至無量百千億那由他劫토록 所有善根이

전갱명정
轉更明淨하나니

"또 모든 부처님의 매우 깊은 법장法藏을 얻어서 백 겁을 지나고, 천 겁을 지나고, 내지 한량없는 백천억 나유타 겁을 지나더라도 갖고 있는 선근은 점점 더 밝고 청정하니라."

부처님의 매우 깊은 법장法藏을 얻어서 한량없는 백천억 나유타 겁을 지나더라도 갖고 있는 선근은 점점 더 밝고 청정하여진다.

비여진금 이비유리보 삭삭마영 전갱명
譬如眞金이 以毘瑠璃寶로 數數磨瑩에 轉更明

정 차지보살 소유선근 역부여시 이
淨인달하야 此地菩薩의 所有善根도 亦復如是하야 以

방편혜 수축관찰 전갱명정 전부적멸
方便慧로 隨逐觀察에 轉更明淨하고 轉復寂滅하야

무 능 영 폐
無能暎蔽하며

"비유하자면 마치 진금을 비유리毘瑠璃 보석으로 자주 갈고 닦으면 더욱 밝고 깨끗해지는 것과 같이 이 지위의 보살이 가진 선근도 또한 다시 이와 같아서 방편과 지혜로 따르고 관찰하므로 더욱 밝고 깨끗하여지고 더욱 다시 적멸하여서 능히 가려 버릴 것이 없느니라."

공과를 비유로써 밝혔다. 비유도 제1지에서는 진금을 불로 단련하고, 제2지에서는 진금을 명반석으로 단련하였는데 제6지에서는 비유리 보석으로 갈고 닦는 것에 비유하였다. 같은 진금을 단련하더라도 그 과정에 따라 격이 달라지는 것과 같이 보살 수행도 또한 그와 같다.

비 여 월 광 　조 중 생 신 　영 득 청 량 　사 종 풍
譬如月光이 **照衆生身**에 **令得淸凉**하고 **四種風**

륜 　소 불 능 괴 　차 지 보 살 　소 유 선 근 　역
輪의 **所不能壞**인달하야 **此地菩薩**의 **所有善根**도 **亦**

부여시　　능멸무량백천억나유타중생　번뇌
復如是하야 **能滅無量百千億那由他衆生**의 **煩惱**

치화　　사종마도　소불능괴
熾火하고 **四種魔道**의 **所不能壞**니라

"비유하자면 마치 달이 중생의 몸을 비추어 서늘하게 함을 네 가지 바람둘레로도 깨뜨릴 수 없는 것과 같이 이 지위의 보살이 가진 선근도 또한 다시 이와 같아서 한량없는 백천억 나유타 중생의 번뇌의 불을 능히 소멸하거니와 네 가지 마군의 도술道術로는 깨뜨리지 못하느니라."

또 비유를 들었다. 마치 달이 중생의 몸을 비추어 서늘하게 함을 네 가지 바람둘레로도 깨뜨릴 수 없는 것과 같다고 하였다. 네 가지 바람둘레[四種風輪]란 바람의 동작에 의하여 네 가지로 구분한 것이다. 주풍住風과 지풍持風과 부동풍不動風과 견고풍堅固風이다. 또 안주풍安住風과 상주풍常住風과 구경풍究竟風과 견고풍이다.

또 네 가지 마군의 도술[四種魔道]란 네 가지 마군魔軍으로서 ① 번뇌마煩惱魔는 탐욕을 비롯한 여러 가지 번뇌가 우리의 몸과 마음을 시끄럽게 하므로 마魔라 한다. ② 음마陰魔는 5중마衆魔라고도 하는데 5음은 여러 가지 고통을 내므로 마魔라 한다. ③ 사마死魔는 죽음은 사람의 목숨을 빼앗으므로 마魔라 한다. ④ 천자마天子魔는 일명 자재천마自在天魔로 욕계의 제6천 타화자재천왕이 좋은 일을 방해하므로 마魔라 한다. 이러한 마들도 이 보살이 머문 공과는 깨뜨릴 수 없다.

차보살 십바라밀중 반야바라밀 편다
此菩薩이 **十波羅蜜中**에 **般若波羅蜜**이 **偏多**하니

여비불수 단수력수분 불자 시명약설
餘非不修로대 **但隨力隨分**이니라 **佛子**야 **是名略說**

보살마하살 제육현전지
菩薩摩訶薩의 **第六現前地**니라

"이 보살이 십바라밀 중에는 반야바라밀다가 치우쳐 많으니, 다른 것을 닦지 아니함은 아니지마는 힘을 따르고 분한을 따를 뿐이니라. 불자여, 이것이 이름이 보살마하살의 제6 현전지를 간략히 설한 것이니라."

모든 지위의 보살들이 다 같이 십바라밀을 닦는다. 그중에 매 지위마다 주된 바라밀이 있고 보조 바라밀이 있는데 제6 현전지에서는 반야바라밀이 주된 바라밀이다.

(2) 과보를 거두는 공과

보살 주차지 다작선화천왕 소작자재
菩薩이 住此地에 多作善化天王하야 所作自在

일체성문 소유문난 무능퇴굴 능령중
하야 一切聲聞의 所有問難이 無能退屈하며 能令衆

생 제멸아만 심입연기 보시애어이행
生으로 除滅我慢하고 深入緣起하야 布施愛語利行

동사 여시일체제소작업 개불리염불
同事하나니 如是一切諸所作業이 皆不離念佛하며

내지불리염구족일체종 일체지지
乃至不離念具足一切種과 一切智智니라

"보살이 이 지위에 머물러서는 흔히 선화천왕善化天王이 되며, 하는 일이 자재하여 모든 성문의 문난으로는 굴복시킬 수 없으며, 중생들로 하여금 아만을 없애고 연기緣起에 깊이 들어가게 하며, 보시하고 좋은 말을 하고 이익한 행을 하고 일을 함께하느니라. 이와 같이 짓는 모든 업이 다 부처님을 생각함을 떠나지 아니하며, 내지 갖가지 지혜와 온갖 지혜의 지혜를 구족하려는 생각을 떠나지 아니하느니라."

제6 현전지에 오르면 세속에서는 선화천왕이 되어 일체 성문들이 아무리 따지더라도 그들에게 굴복당하지 않는다. 그리고 중생들을 잘 교화해서 아만을 소멸하고 연기의 이치에 깊이 들어가 사섭법을 잘 펼치게 한다. 많은 백성들을 교화하여 이와 같이만 한다면 천하에 정치를 가장 잘하는 천왕이리라.

부작시념 아당어일체중생중 위수 위
復作是念호대 **我當於一切衆生中**에 **爲首**며 **爲**

승 내지위일체지지의지자
勝이며 **乃至爲一切智智依止者**라하나니

"또 생각하기를 '내가 마땅히 일체 중생들 가운데 머리가 되고, 나은 이가 되고, 내지 온갖 지혜의 지혜에 의지함이 되리라.' 라고 하느니라."

제6 현전지에 오른 보살은 또 이렇게 생각한다. '일체 중생 가운데 어디를 가든 마땅히 우두머리가 되고, 수승한 이가 되며, 일체 지혜의 지혜에 힘이 되리라.'

차보살 약근수정진 어일념경 득백천
此菩薩이 **若勤修精進**하면 **於一念頃**에 **得百千**
억삼매 내지시현백천억보살 이위권속
億三昧하며 **乃至示現百千億菩薩**로 **以爲眷屬**이니라

"이 보살이 부지런히 정진하면 잠깐 동안에 백천억 삼매를 얻으며, 내지 백천억 보살을 나타내어 권속을 삼느니라."

제6 현전지의 보살이 만약 더욱 부지런히 정진하면 한순간에 백천억 삼매를 얻으며, 내지 백천억 보살을 나타내어 권속을 삼는다.

(3) 원력과 지혜의 공과

약이원력　자재시현　과어차수　내지
若以願力으로 自在示現인댄 過於此數하야 乃至

백천억나유타겁　불능수지
百千億那由他劫에도 不能數知니라

"만약 서원하는 힘으로 자재하게 나타내면 이보다 많아서 내지 백천억 나유타 겁에도 헤아려서 알 수 없느니라."

제6 현전지의 보살이 서원하는 힘으로 그 공과를 자재하게 나타낸다면 지금까지의 숫자보다 훨씬 많아서 백천억 나유타 겁 동안 헤아려도 알 수 없을 것이다.

7) 게송으로 그 뜻을 거듭 설하다

(1) 제6지에 들어가는 열 가지 관찰

이시　금강장보살　욕중선기의　이설송
爾時에 金剛藏菩薩이 欲重宣其義하사 而說頌

왈
曰

그때에 금강장보살이 그 뜻을 다시 펴려고 게송으로 설하였습니다.

보살원만오지이 관법무상역무성
菩薩圓滿五地已에 觀法無相亦無性하며
무생무성본청정 무유희론무취사
無生無成本淸淨하며 無有戱論無取捨하며

보살이 제5지를 원만케 하고는
법을 보니 형상도 없고 또한 성품도 없어
태어남도 없고 이뤄짐도 없어 본래 텅 비었더라.
희론戱論도 없고 취하고 버릴 것도 없도다.

제6 현전지에 대해서 금강장보살이 게송으로 거듭 밝힌다. 앞의 제5지를 원만케 하고 일체 법을 관찰해 보니 일체 법이 텅 비어 형상이 없고 또한 성품도 없으며, 태어남도 없고 이뤄짐도 없어 본래 텅 비었더라. 또한 이런저런 말장난

과 같은 희론戱論도 없고 취하고 버릴 것도 없었다. 일체 법이 공한 이치는 어떤 지위에서든 천 번 만 번 반복하여 확인한다.

체 상 적 멸 여 환 등　　　유 무 불 이 이 분 별
體相寂滅如幻等하며　**有無不二離分別**하고
수 순 법 성 여 시 관　　　차 지 득 성 입 육 지
隨順法性如是觀하야　**此智得成入六地**로다

체성과 형상이 적멸하여 환영과 같고
있고 없음이 둘이 아니어서 분별을 떠났도다.
법의 성품을 수순하여 이와 같이 관찰하여
이 지혜로 제6지에 들어가도다.

일체 법의 관찰이 계속된다. 체성과 형상이 적멸하여 환영과 같고 있고 없음이 둘이 아니어서 일체 분별을 떠났다. 일체 법의 성품을 수순하여 이와 같이 관찰하여 제6지에 들어갔다.

(2) 십이유지十二有支를 열 가지로 관찰하다

명리순인지구족　　관찰세간생멸상
明利順忍智具足하야　觀察世間生滅相하니

이치암력세간생　　약멸치암세무유
以癡闇力世間生이라　若滅癡闇世無有로다

밝고 날카로운 수순인隨順忍과 지혜를 구족하여
세간의 생멸상을 관찰하여 보니
어두운 어리석음의 힘으로 세간에 났음이라
만약 어리석음을 소멸하면 세간도 없도다.

수순인隨順忍이란 이치를 수순하고 그 이치에 안주하여 마음이 움직이지 않는 지혜다. 12인연으로 이뤄진 세간의 생멸상을 관찰하여 보니 어리석음의 힘으로 세간에 태어난 것이다. 그래서 만약 어리석음을 소멸하면 세간도 없다. 열 가지로 관하는 내용들을 장문에서는 자세히 설명하였고 게송에서는 간략히 밝혔다. 아래는 번거로워서 다시 길게 인용하지 않는다.

관제인연실의공　　　불괴가명화합용
觀諸因緣實義空이나　不壞假名和合用하며

무작무수무사념　　　제행여운변흥기
無作無受無思念이나　諸行如雲徧興起로다

모든 인연을 관찰하니 진실한 이치가 공하나
거짓 이름 깨뜨리지 않고 화합하여 작용하며
짓는 이도 받는 이도 없으며 생각도 없어
모든 행行이 구름처럼 두루 일어나도다.

모든 존재를 인연의 법칙으로 보면 진실한 이치는 텅 비어 공하지만 그러나 열두 가지 거짓 이름으로 화합하여 사람의 일생이라는 작용을 한다. 그것을 "짓는 이도 받는 이도 없으며 생각도 없어서 모든 행行이 구름처럼 두루 일어난다." 고 한다.

부지진제명무명　　　소작사업우치과
不知眞諦名無明이요　所作思業愚癡果요

식기공생시명색　　　여시내지중고취
識起共生是名色이니　如是乃至衆苦聚로다

참이치를 모르는 것이 이름이 무명이요
생각으로 지은 업은 어리석음의 과보요
식識이 생겨 함께 난 것이 이름과 물질이라
이와 같이 필경은 온갖 고통의 덩어리더라.

무명과 생각과 인식과 이름과 물질 등으로 발전하여 온갖 고통의 덩어리가 생기는 과정을 밝혔다.

요달삼계의심유　　십이인연역부연
了達三界依心有하며　**十二因緣亦復然**이라

생사개유심소작　　심약멸자생사진
生死皆由心所作이니　**心若滅者生死盡**이로다

삼계가 마음에 의지하여 존재함을 요달하니
12인연도 또한 다시 그런 것이라
나고 죽음 마음으로 짓는 것이니
마음이 다한다면 생사生死도 없도다.

삼계와 12인연이 오직 한 마음임을 관하니 생사도 역시 오직 한 마음이다. 마음이 다하면 생사도 없다. 생사는 오직 오온의 생사일 뿐 한 마음의 자리에서는 생사가 없다.

무 명 소 작 유 이 종　　　연 중 불 료 위 행 인
無明所作有二種하니　**緣中不了爲行因**이라

여 시 내 지 노 종 몰　　　종 차 고 생 무 유 진
如是乃至老終歿하야　**從此苦生無有盡**이로다

무명의 짓는 업이 둘이 있으니
반연을 미혹하고 행의 원인이 되며
이와 같이 내지 늙음과 죽음
이로부터 고통 생겨 다함이 없도다.

무명과 행과 식과 명색과 육입 등이 모두 두 가지 업이 있음을 장문에서 널리 밝혔다. 자세한 내용은 장문으로 돌아가서 반복해서 보아야 하리라.

무 명 위 연 불 가 단　　　피 연 약 진 실 개 멸
無明爲緣不可斷이어니와　**彼緣若盡悉皆滅**이라

우치애취번뇌지　　행유시업여개고
愚癡愛取煩惱支요　　行有是業餘皆苦로다

무명이 연緣이 되어 끊지 못하나
저 연이 만약 없어지면 모두 다 소멸하며
어리석음과 애착과 취함이 번뇌가 되고
행行과 유有는 업業이요 나머지는 고통이로다.

무명으로부터 유까지는 업이 되고, 그 업으로 인하여 생이 있고 노와 사가 있는데 그것은 모두 고통이라고 다시 한번 밝혔다.

치지육처시행고　　촉수증장시고고
癡至六處是行苦요　　觸受增長是苦苦요
소여유지시괴고　　약견무아삼고멸
所餘有支是壞苦니　　若見無我三苦滅이로다

어리석음에서 6처까지는 행의 고통[行苦]이요
감촉과 받아들임이 자라 고통의 고통[苦苦]이라
나머지 인연은 무너지는 고통[壞苦]이니

만약 무아를 보는 이는 세 가지 고통 없으리라.

행의 고통[行苦]과 고통의 고통[苦苦]과 무너지는 고통[壞苦]을 밝히고, 만약 무아를 보는 이는 이 세 가지 고통을 소멸한다고 밝혔다.

무명여행위과거 식지어수현재전
無明與行爲過去요 識至於受現在轉이요
애취유생미래고 관대약단변제진
愛取有生未來苦니 觀待若斷邊際盡이로다

무명과 행은 과거가 되고
식識에서 받아들임까지는 현재가 되며
애착과 취함과 유와 생은 미래의 고통이니
관찰하고 상대하여 만약 끊으면 그 끝이 다하리라.

12인연이 각각 과거와 현재와 미래에 해당하는 점을 밝혔다. 역시 장문에서 잘 설명하였다.

무 명 위 연 시 생 박
無明爲緣是生縛이라
어 연 득 리 박 내 진
於緣得離縛乃盡이며

종 인 생 과 이 즉 단
從因生果離則斷이니
관 찰 어 차 지 성 공
觀察於此知性空이로다

무명이 인연이 되어 속박이 생기고
인연을 여의면 속박이 다해
인으로 생긴 과보 여의면 끊어지나니
이것을 관찰하고 본성이 공한 줄 알도다.

12인연은 모두 무명을 인연하여 온갖 속박이 생긴 것이다. 그러므로 인연을 떠나면 모든 속박도 다한다. 이것을 잘 관찰하면 그 성품이 본래로 공적하다는 것을 알리라.

수 순 무 명 기 제 유
隨順無明起諸有요
약 불 수 순 제 유 단
若不隨順諸有斷이며

차 유 피 유 무 역 연
此有彼有無亦然이라

무명을 수순하여 모든 인연[有支]이 생기니

만약 수순하지 아니하면 모든 인연[有] 다 끊기고
이 인연[有] 저 인연[有]이 없음도 또한 그러하도다.

12인연은 맨 처음 무명을 수순하여 나머지의 모든 인연이 생긴 것이다. 만약 무명을 수순하지 않으면 모든 인연[有]이 다 끊어져 없어진다. 그렇게 되면 행의 인연과 식의 인연과 명색의 인연 등등도 다 같이 끊어져 없어진다.

(3) 여러 가지 관찰을 총결하다

십 종 사 유 심 리 착　　유 지 상 속 일 심 섭
十種思惟心離着이니　**有支相續一心攝**과

자 업 불 리 급 삼 도　　삼 제 삼 고 인 연 생
自業不離及三道와　**三際三苦因緣生**과

계 박 기 멸 순 무 진
繫縛起滅順無盡이로다

열 가지 생각하는 마음이 집착을 여의며
십이인연十二因緣 계속함과 한 마음이 포섭함과
자기 업과 여의지 않음과 세 가지 길과

세 세상, 세 괴로움, 인연의 생멸과
속박이 생겨나고 없어짐이 없음을 따라 다하도다.

여러 가지 관찰이란 장문에서 설한 열 가지 관찰이다. 열 가지 생각하는 마음이 집착을 여읜다는 것이 그것이다. 12인연이 상속하고, 한 마음에 포섭되고, 번뇌의 길과 업의 길과 괴로움의 길인 세 가지 길과 세 세상과 세 괴로움과 인연 생멸과 속박이 생겨나고 없어짐 등을 간략히 들었다.

(4) 공과가 수승하다

여 시 보 관 연 기 행　　무 작 무 수 무 진 실
如是普觀緣起行의　　**無作無受無眞實**이

여 환 여 몽 여 광 영　　역 여 우 부 축 양 염
如幻如夢如光影하며　　**亦如愚夫逐陽焰**이로다

이와 같이 연기緣起의 진행함이
짓고 받는 이 없고 진실하지 않고
환영과 같고 꿈과 같고 그림자와 같고
또한 바보가 아지랑이 따라다니듯 함을 관찰하도다.

제6 현전지에 오른 보살은 12연기가 진행하는 것이 짓는 이도 없고, 받는 이도 없고, 진실함도 없고, 환영과 같고, 꿈과 같고, 그림자와 같고, 또한 바보가 아지랑이를 실재하는 것이라고 따라다니는 것과 같음을 환하게 관찰하여 안다. 이것이 제6지의 공과가 수승한 것이다.

여 시 관 찰 입 어 공　　지 연 성 리 득 무 상
如是觀察入於空하며　**知緣性離得無相**하며

요 기 허 망 무 소 원　　유 제 자 민 위 중 생
了其虛妄無所願호대　**唯除慈愍爲衆生**이로다

이와 같이 관찰하고 공空에 들어가
인연 성품 여의어 모양이 없고
허망한 줄 알고 보니 원이 없으나
오직 자비로 중생을 제도함은 제외되도다.

모든 존재의 연기적 이치를 깊이 깨달아 환영과 같고, 꿈과 같고, 그림자와 같음을 알고는 공의 이치에 깊이 들어간다. 그러나 유위법에 대해서 다른 중생들도 이와 같이 깨닫도록 노력하는 보살의 자비한 마음이 언제나 넘쳐나는 것이 대승보살이다.

대사수행해탈문　　전익대비구불법
大士修行解脫門하야　**轉益大悲求佛法**하며

지제유위화합작　　지락결정근행도
知諸有爲和合作하야　**志樂決定勤行道**로다

보살[大士]이 해탈문을 닦아 행하니
대비심은 더욱 늘어 불법 구하며
모든 유위법은 화합으로 생긴 줄 알고
즐기는 마음 결정하여 부지런히 도를 행하도다.

수많은 불교 중에서 대승보살불교가 가장 이상적인 불교다. 그것은 곧 대승의 마음을 가진 보살이 실천하는 불교를 뜻한다. 대승보살은 먼저 참사람의 실상을 깨달아 알고 오온의 자아로부터 해탈을 증득한다. 다음으로는 중생을 위한 큰 자비심이 더욱 늘어 보다 높은 불법을 구한다. 또 오온으로 인식되는 일체 유위의 법은 모두가 합성하여 존재한다는 사실을 깊이 깨닫는다.

공 삼 매 문 구 백 천　　　무 상 무 원 역 부 연
空三昧門具百千하니　**無相無願亦復然**이라

반 야 순 인 개 증 상　　　해 탈 지 혜 득 성 만
般若順忍皆增上하야　**解脫智慧得成滿**이로다

공空하다는 삼매문을 백천이나 갖추고
모양 없고 원願 없는 문門 역시 그러해
반야와 수순인隨順忍이 점점 더 늘고
해탈한 지혜들도 만족해지도다.

일체 존재에 대해 공空하다는 삼매와 무상無相과 무원無願도 또한 그와 같이 관찰한다. 반야와 수순하는 인忍은 점점 더 늘어나고 해탈과 지혜도 만족해진다. 공과가 차츰차츰 수승해지는 모습이다.

(5) 공과를 말하다

부이심심다공불　　　어불교중수습도
復以深心多供佛하고　於佛敎中修習道하야

득불법장증선근　　　여금유리소마영
得佛法藏增善根하니　如金瑠璃所磨瑩이로다

다시 깊은 마음으로 많은 부처님께 공양하며
부처님의 교법 중에서 도를 닦아
부처님의 법장法藏을 얻어 선근 늘리니
진금을 비유리로 연마하듯 하도다.

제6 현전지에 오르면 깊은 마음으로 무수한 부처님을 친견하게 되고, 부처님의 가르침에서 도를 닦는다. 이와 같이 부처님의 법장에서 선근을 증장하여 보살행이 빛나기가 마치 진금을 비유리로 연마하는 듯하다.

여월청량피중물　　　사풍래촉무능괴
如月淸凉被衆物에　四風來觸無能壞인달하야

차지보살초마도　　　역식군생번뇌열
此地菩薩超魔道하야　亦息群生煩惱熱이로다

밝은 달이 서늘하게 온갖 사물을 비추듯 하고
네 가지 바람으로도 깰 수 없나니
제6지 보살이 마魔의 도를 초월했으며
중생들의 번뇌의 열기를 쉬게 하도다.

현전지에서 얻는 공과는 보살이 마魔의 도를 초월하고, 중생들의 번뇌의 열기를 쉬게 하는 것이 마치 밝은 달이 서늘하게 온갖 사물을 비추듯 하고, 네 가지 바람으로도 깰 수 없는 것과 같다.

차 지 다 작 선 화 왕　　화 도 중 생 제 아 만
此地多作善化王하야　**化導衆生除我慢**하니
소 작 개 구 일 체 지　　실 이 초 승 성 문 도
所作皆求一切智라　**悉以超勝聲聞道**로다

이 지위에선 선화천의 왕이 되어서
중생을 교화하여 교만을 없애고
짓는 일은 일체 지혜를 모두 구하여
모두 다 성문의 도를 뛰어넘으리라.

이 지위에선 세속에서는 선화천의 왕이 되어서 중생을 교화하여 교만을 없앤다. 또한 하는 일은 일체 지혜를 모두 구하여 모두 다 소승 성문의 도를 뛰어넘는다.

차지보살근정진　　　획제삼매백천억
此地菩薩勤精進하야　**獲諸三昧百千億**하며
역견약간무량불　　　비여성하공중일
亦見若干無量佛하니　**譬如盛夏空中日**이로다

이 지위의 보살이 부지런히 정진하여서
백천억 모든 삼매 이미 얻었고
한량없는 부처님도 뵈옵게 되니
비유컨대 한여름 허공의 해와 같도다.

또 이 지위에서 백천억 삼매를 얻고 한량없는 부처님을 친견하는 공과를 얻는 것이 마치 비유하자면 한여름 뜨거운 태양이 세상을 비추듯 왕성하다.

(6) 결론을 맺다

심 심 미 묘 난 견 지　　　　성 문 독 각 무 능 료
甚深微妙難見知라　　**聲聞獨覺無能了**니

여 시 보 살 제 육 지　　　　아 위 불 자 이 선 설
如是菩薩第六地를　　**我爲佛子已宣說**이로다

매우 깊고 미묘한 법을 보기 어려워
성문이나 독각도 알지 못하니
이와 같은 보살들의 제6지의 법을
내가 지금 불자들에게 널리 설하였도다.

제6 현전지의 법문은 매우 깊고 깊으며 미묘하여 보기 어렵다. 성문이나 독각과 같은 소승들로서는 절대로 알 수 없는 경지다. 이제 그러한 내용을 장문과 게송까지 다 설하여 마쳤다.

7. 제7 원행지遠行地를 설하다

1) 찬탄하고 법을 설하다

(1) 천중天衆이 찬탄하다

시 시 천 중 심 환 희　　산 보 성 운 재 공 주
是時天衆心歡喜하야　散寶成雲在空住하고

보 발 종 종 묘 음 성　　고 어 최 승 청 정 자
普發種種妙音聲하야　告於最勝淸淨者호대

이때에 하늘대중들이 환희한 마음으로
보물을 흩어 구름이 되어 공중에 있고
가지가지 아름다운 음성을 두루 내어서
가장 수승하고 청정한 이에게 알리도다.

제6지의 법문이 끝나고 제7 원행지遠行地를 설한다. 먼저 앞의 법문을 찬탄하고 제7지의 법을 설하는데 천중天衆들이 찬탄하는 내용이다. 하늘대중들이 환희한 마음으로 보물을 흩어서 구름이 되어 공중에 떠돌게 하고 가지가지 아름다운 음성을 두루 내어서 가장 수승하고 청정한 금강장보살을 찬탄하였다.

통현장자通玄長者가 제7지의 이름에 대해서 "어째서 이름이 원행지가 되는가? 이 지위에서 방편바라밀을 행하여 제6지 중의 3공空 삼매로써 한량없고 지음이 없는 지혜문을 나타내어 능히 한량없는 중생계에 들어가고, 한량없는 중생의 업을 교화하는 데 들어가고, 한량없는 세계의 그물에 들어가고, 지음이 없는 지혜로 일체 세간에 들어가 중생들과 행을 같이 하면서 널리 두루 하게 하기 때문에 명칭이 원행지인 것이요, 세간에 들어가는 행이 두루 하고 광대하기 때문에 원행지라 칭한다."라고 하였다.

요 달 승 의 지 자 재　　성 취 공 덕 백 천 억
了達勝義智自在하고　　成就功德百千億하니

인 중 연 화 무 소 착　　위 리 군 생 연 심 행
人中蓮華無所着하사　　爲利群生演深行이로다

수승한 이치를 통달하고 지혜가 자재하여
백천억 공덕을 성취하시고
사람 중의 연꽃으로 집착이 없어
중생을 이익하게 하려고 깊은 수행 연설하도다.

자재천 하늘대중들이 십지 법문을 설하시는 금강장보살을 찬탄하였다. 수승한 이치를 통달하고 지혜가 자재한 점 등의 훌륭함을 들어 금강장보살을 사람 중의 연꽃이라고 찬탄하였다.

자 재 천 왕 재 공 중　　방 대 광 명 조 불 신
自在天王在空中하야　**放大光明照佛身**하고
역 산 최 상 묘 향 운　　보 공 제 우 번 뇌 자
亦散最上妙香雲하야　**普供除憂煩惱者**로다

자재천 임금님은 허공에 있어
큰 광명을 놓아 부처님의 몸을 비추고
가장 묘한 향기구름 널리 흩어서
근심 번뇌 없는 이에게 널리 공양하도다.

자재천 임금님이 허공에 있으면서 큰 광명을 놓아 부처님을 두루 비추고 미묘한 향기구름을 흩어서 금강장보살에게 공양하였다. 여기까지의 내용은 모두 경가의 말이다.

이 시 천 중 개 환 희　　　실 발 미 음 동 찬 술
爾時天衆皆歡喜하야　**悉發美音同讚述**호대

아 등 문 사 지 공 덕　　　즉 위 이 획 대 선 리
我等聞斯地功德하니　**則爲已獲大善利**로다

이때에 하늘대중 모두 기뻐서
아름다운 음성으로 함께 찬탄하기를
"우리들이 이 지위의 공덕을 듣고
크고 훌륭한 이익을 얻었습니다."

법문을 듣고는 반드시 이익이 있어야 한다. 감동이 있고, 느낌이 있고, 깨달음이 있어서 조금이라도 변화하고 발전하여야 한다. 하늘대중들은 그 점을 밝힌 것이다.

(2) 천녀天女가 찬탄하다

천 녀 시 시 심 경 열　　경 주 악 음 천 만 종
天女是時心慶悅하야　競奏樂音千萬種하니

실 이 여 래 신 력 고　　음 중 공 작 여 시 언
悉以如來神力故로　音中共作如是言호대

천녀들도 그때에 마음이 기뻐서
천만 가지 음악을 연주하는데
모두 다 여래의 신력으로써
음악으로 이런 말을 함께 하니라.

그때에 자재천의 천녀天女들이 마음이 기뻐서 천만 가지 음악을 연주하면서 찬탄하였다.

위 의 적 정 최 무 비　　능 조 난 조 세 응 공
威儀寂靜最無比하사　能調難調世應供이

이 초 일 체 제 세 간　　이 행 어 세 천 묘 도
已超一切諸世間하사대　而行於世闡妙道로다

위의威儀가 고요하사 비길 데 없고
조복하기 어려운 이를 조복하여 세상 공양 받을 이

모든 세간 이미 다 초월했으나
세상을 다니시며 미묘한 도를 밝히도다.

법을 설하는 금강장보살의 덕을 "모든 세간 이미 다 초월했으나 세상을 다니시며 중생을 위해 미묘한 도를 밝힌다."라고 하였는데 보살불교의 특징을 밝혔다. 오랜 역사를 지나 오면서 시대와 민족에 따라 여러 가지 불교가 발생하였는데 그중에서 가장 이상적인 불교가 보살불교다. 즉 자신은 이미 세간을 초월하여 열반의 저 언덕에 이르렀으나 열반의 언덕에 머물지 않고 다시 세간으로 돌아와서 중생들과 동고동락하면서 다 같이 열반에 이르도록 하기 위하여 숱한 난행 고행을 하면서 미묘한 도를 밝힌 것이다.

수현종종무량신　　지신일일무소유
雖現種種無量身이나　**知身一一無所有**하시며
교이언사설제법　　불취문자음성상
巧以言辭說諸法하사대　**不取文字音聲相**이로다

한량없는 여러 몸 나타내지만

낱낱 몸이 공한 줄 이미 아시고
여러 말로 모든 법을 연설하시나
음성과 글자에는 집착 없도다.

또 보살은 자신은 이미 이 몸이 텅 비어 공한 줄을 잘 알지만, 공한 가운데서 다시 온갖 몸을 나타내어 무수한 법을 설하신다. 그러나 법에도 음성에도 문자에도 집착이 없다. 이것이 이상적이며 중도적인 보살의 행위이다.

왕 예 백 천 제 국 토　　이 제 상 공 공 양 불
往詣百千諸國土하야　**以諸上供供養佛**하사대
지 혜 자 재 무 소 착　　불 생 어 아 불 국 상
智慧自在無所着하사　**不生於我佛國想**이로다

백천 세계 여러 국토 두루 나아가
여러 가지 좋은 공양 부처님께 올리지만
지혜가 자재하고 집착이 없어
내 부처님, 내 국토라는 생각 안 내도다.

또 보살은 백천 세계 여러 국토에 두루 나아가 모든 사람과 일체 생명을 부처님으로 여겨서 여러 가지 좋은 공양을 올리지만 그 지혜가 자유자재하여 우리 부처님이니 우리 국토니 하는 생각을 전혀 하지 않는다.

수근교화제중생　　이무피기일체심
雖勤教化諸衆生이나　**而無彼己一切心**하며

수이수성광대선　　이어선법불생착
雖已修成廣大善이나　**而於善法不生着**이로다

모든 중생 부지런히 교화하여도
남이니 나니 분별하는 마음 없으며
광대한 선근을 이미 닦아 이루었지만
선한 법에 집착을 내는 일 없도다.

또한 보살은 모든 중생을 부지런히 교화하지만 교화를 받는 중생과 교화를 하는 자신을 분별하지 않는다. 다 같은 하나이면서 둘이고 둘이면서 하나라는 "천지는 나와 더불어 한 뿌리이고 만물은 나와 한 몸이라는 사실"을 깊이 깨달아 실천하는 것이다. 또한 선근을 이미 닦았지만 선근에 집착하는 일도 없다. 물론 악한 법에 집착하는 일도 없다.

이 견 일 체 제 세 간　　　탐 에 치 화 상 치 연
以見一切諸世間에　　　**貪恚癡火常熾然**하고

어 제 상 념 실 개 리　　　발 기 대 비 정 진 력
於諸想念悉皆離하야　　**發起大悲精進力**이로다

일체 모든 세간을 살펴보건대
탐·진·치의 불이 언제나 치열하거늘
여러 가지 생각을 모두 여의고
대자비를 일으켜 정진하도다.

세상은 탐·진·치의 불길이 언제나 치열하게 타오른다. 그 누구 탐·진·치의 불길이 꺼진 사람이 있는가. 그러므로 어느 누구도 탐·진·치 부리는 것을 보고 잘못된 허물이라고 지적할 수 있는 사람은 없다. 다만 진정한 대승보살만이 대자비심을 일으켜 그들을 바로잡고 가르칠 수 있을 것이다.

(3) 법을 청하다

일 체 제 천 급 천 녀　　　　종 종 공 양 칭 찬 이
一切諸天及天女가　　**種種供養稱讚已**하고

실 공 동 시 묵 연 주　　　　첨 앙 인 존 원 문 법
悉共同時默然住하야　　**瞻仰人尊願聞法**이로다

일체 모든 천중과 하늘 여인들

가지가지 공양하며 칭송하고는

같은 자리 같은 때에 묵묵히 머물면서

금강장보살을 우러르며 법문 듣기 원하도다.

일체 모든 천상의 대중과 천녀들이 가지가지 공양거리를 들고 와서 공양 올리고 또한 아름다운 노래로 찬탄하고 나서 한 자리에 묵묵히 머물면서 금강장보살을 우러르며 법문 듣기를 간절히 원하였다.

시 해 탈 월 부 청 언　　　　차 제 대 중 심 청 정
時解脫月復請言호대　　**此諸大衆心淸淨**하니

제 칠 지 중 제 행 상　　　　유 원 불 자 위 선 설
第七地中諸行相을　　**唯願佛子爲宣說**하소서

그때에 해탈월보살이 청하여 말하기를,
"이 모든 대중들의 마음이 청정하오니
제7지에서 행하는 모든 행상을
바라건대 불자시여 말씀하소서."

십지 법문은 언제나 해탈월보살이 법을 청하고 금강장보살이 법을 설한다. 제7지 법문도 역시 해탈월보살이 법을 청하였다.

2) 제7지에 들어가는 열 가지 방편 지혜

이시 금강장보살 고해탈월보살언
爾時에 **金剛藏菩薩**이 **告解脫月菩薩言**하사대

불자 보살마하살 구족제육지행이 욕입제
佛子야 **菩薩摩訶薩**이 **具足第六地行已**에 **欲入第**

칠원행지 당수십종방편혜 기수승도
七遠行地인댄 **當修十種方便慧**하야 **起殊勝道**니라

그때에 금강장보살이 해탈월보살에게 말하였습니다.

"불자여, 보살마하살이 제6지의 수행을 구족하고 나서 제7 원행지遠行地에 들어가려면 마땅히 열 가지 방편 지혜를 닦아서 수승한 도道를 일으켜야 하느니라."

먼저 제7지에 들어가는 열 가지 방편 지혜를 밝혔다. 이 열 가지 방편 지혜는 철저히 중도적 관점에서 보살행을 행하는 내용이다. 무엇이든 보살행을 행하되 행함이 없이 행하며, 행함이 없는 가운데 부지런히 보살행을 행한다는 내용이다.

하 등 위 십 소 위 수 선 수 공 무 상 무 원 삼 매
何等이 **爲十**고 **所謂雖善修空無相無願三昧**나

이 자 비 불 사 중 생
而慈悲不捨衆生하며

"무엇을 열 가지라 하는가? 이른바 비록 공하고, 모양 없고, 원이 없는 삼매를 잘 닦지만 자비한 마음으로 중생을 버리지 아니하느니라."

첫째 공空과 무상無相과 무원無願이라는 세 가지 소승적 삼매를 누구보다 철저히 잘 닦았으나 소승 아라한들처럼 세상도 모르고 중생도 모르겠다고 하여 자신만 열반과 해탈의 즐거움을 누리고 마는 것이 아니다. 대자대비로 한 중생도 버리지 못하고 생사고락을 같이 하면서 고통받는 중생들을 감싸고 어루만져 주는 삶을 사는 것이다. 예컨대 자신은 제도를 얻지 못했으나 다른 사람을 먼저 제도하는 진정한 보살의 삶이다.

수 득 제 불 평 등 법　　이 락 상 공 양 불
雖得諸佛平等法이나 **而樂常供養佛**하며

"비록 모든 부처님의 평등한 법을 얻었지만 항상 부처님께 공양하기를 좋아하느니라."

모든 사람과 일체 생명과 두두물물이 모든 부처님과 본래로 평등하다는 법을 깨달아 알고 있으나 또 항상 부처님께 공양 올리기를 즐겨한다. 만약 스스로 부처님과 평등하다는 이치를 알고 있다면 또 다른 부처님에게 공양을 올릴 까닭이 없으나 부처님에 대한 바른 견해[正見]를 가진 사람은 그렇지 않다. 부처님과 평등한 줄을 알면서 또한 부처님께 즐겁게 공양 올리는 것이 진정한 대승보살이다.

수 입 관 공 지 문 　 이 근 집 복 덕
雖入觀空智門이나 **而勤集福德**하며

"비록 공함을 관찰하는 지혜의 문에 들었지만 복덕을 부지런히 모으느니라."

일체 법이 공한 줄 알았다면 소승 아라한들처럼 복도 짓지 않고 덕도 쌓지 않고 중생도 불쌍하게 생각하지 않을 것이다. 그러나 정법불교를 아는 진정한 보살은 환영과 같은 공양구를 산처럼 나열하여 그림자와 같고 메아리와 같은 여래에게 부지런히 공양을 올리고 복덕을 짓는다.

수 원 리 삼 계 　 이 장 엄 삼 계
雖遠離三界나 **而莊嚴三界**하며

"비록 삼계를 멀리 떠났지만 그래도 삼계를 장엄하느니라."

소승 아라한들은 일찍이 열반을 증득하고 해탈을 얻어 삼계를 초월하였다 하여 이 세상을 살기 좋은 곳으로 아름답게 장엄할 까닭이 없으나 보살불교를 가장 이상적인 불교라고 꿈꾸는 진정한 불자는 이 세상을 아름답고 정직하고 향기롭고 선량하도록 열심히 교화하여 장엄한다. 이것이 바른 불교가 해야 할 일이다.

수필경적멸제번뇌염 이능위일체중생
雖畢竟寂滅諸煩惱焰이나 **而能爲一切衆生**하야

기멸탐진치번뇌염
起滅貪瞋癡煩惱焰하며

"비록 모든 번뇌의 불꽃을 끝까지 소멸하였지만 일체 중생을 위하여 소멸한 탐하고 성내고 어리석은 번뇌의 불꽃을 일으키느니라."

제7 원행지에 머문 보살은 탐·진·치 삼독과 팔만사천 번뇌를 이미 떠났으나 탐·진·치 삼독과 팔만사천 번뇌에 허덕이는 중생들을 교화하기 위해서 우정 소멸해 버렸던 탐·진·치 삼독과 팔만사천 번뇌의 불꽃을 다시 일으킨다. 그래서 세상의 온갖 우여곡절을 경험하면서 중생들과 생사고락을 같이 한다. 중생 제도도 역시 욕심이며 번뇌가 되기 때문이다. 경전에서는 관음보살과 지장보살이 그러한 분들이고 현실에서는 대만의 증엄證嚴스님이 그런 분이다.

수지제법 여환여몽 여영여향 여염
雖知諸法이 **如幻如夢**하고 **如影如響**하고 **如焰**

여화 여수중월 여경중상 자성무이
如化하고 **如水中月**하고 **如鏡中像**하야 **自性無二**나

이수심작업 무량차별
而隨心作業이 **無量差別**하며

"비록 모든 법이 환영과 같고, 꿈과 같고, 그림자와 같고, 메아리와 같고, 아지랑이와 같고, 변화와 같고, 물 가운데 달과 같고, 거울 속의 영상과 같아서 성품이

둘이 없는 줄 알지만 마음을 따라 업을 짓는 것이 한량 없이 차별하니라."

제7 원행지에 머문 보살은 일체 법이 환영과 같고, 꿈과 같고, 그림자와 같고, 메아리와 같고, 아지랑이와 같아서 허망한 줄 알지만 그 허망한 세상 속에서 고통받는 중생들을 제도하려고 불쌍하게 여기는 마음을 따라 한량없는 각양각색의 업을 짓는다. 또한 비록 꿈속의 불사이며 중생 제도이지만 그 꿈속 불사를 크게 짓는다. 환영과 같은 중생인 줄 깊이 깨달아 알고 있지만 그 환영과 같은 중생을 널리 제도한다. 이것이 진정한 보살이며 참다운 불교다.

수지일체국토 유여허공 이능이청정묘
雖知一切國土가 **猶如虛空**이나 **而能以淸淨妙**

행 장엄불토
行으로 **莊嚴佛土**하며

"비록 일체 국토가 마치 허공과 같은 줄 알지만 능히 청정하고 묘한 행으로 부처님의 국토를 장엄하느니라."

진정한 보살은 성품이 텅 비어 공적한 세계를 진실로 정직하고 선량하고 아름답게 만들려고 청정하고 묘한 행으로 장엄한다. 예컨대 비록 큰 연못이 흙탕물로 가득 채워져 있다 하나 한 줄기 가느다란 맑은 물이 되어 희망을 잃지 않고 끊임없이 흘려 보낸다. 텅 빈 연못이든 흙탕물의 연못이든 보살불교는 진선미의 맑은 물이 흘러넘치게 한다. 이것이 보살이 할 일이다.

수지제불법신 본성무신 이이상호 장
雖知諸佛法身이 **本性無身**이나 **而以相好**로 **莊**
엄기신
嚴其身하며

"비록 부처님의 법신은 본 성품이 몸이 없는 줄 알지만 상相과 호好로 그 몸을 장엄하느니라."

영명연수선사가 "감무신이구상鑑無身而具相"이라 하였다. 오온이 없고, 몸이 없고, 안이비설신의의 육근이 없고, 색성향미촉법의 육진이 없는 줄을 환하게 알지만 32상과 80종호를 갖춘다. 또한 32상과 80종호를 갖추면서 오온이 없고, 몸이 없고, 안이비설신의의 육근이 없고, 색성향미촉법의 육진이 없는 줄을 환하게 안다.

예컨대 관세음보살은 오온과 육근이 없는 줄을 누구보다도 잘 알지만 세상에서 가장 값진 금은보석을 몸에 두르고 화장마저 짙게 하여 가장 아름다운 미인의 모습을 하고 나타난다. 그것이 어디에도 치우치지 않으면서 양변兩邊을 다 포용하는 중도적 삶이다. 제7 원행지의 보살은 이와 같은 보살이다.

수지제불음성 성공적멸 불가언설
雖知諸佛音聲이 **性空寂滅**하야 **不可言說**이나

이능수일체중생 출종종차별청정음성
而能隨一切衆生하야 **出種種差別淸淨音聲**하며

"비록 모든 부처님의 음성이 성품이 공하고 적멸하여 말할 수 없는 줄을 알지만 능히 일체 중생을 따라서 여러 가지 차별하고 청정한 음성을 내느니라."

세상에서 소리같이 그 성품이 텅 비어 공한 것이 없다. 그렇게 공한 줄을 알지만 일체 중생을 따라 여러 가지 차별하고 청정한 음성을 낸다.

수수제불 요지삼세 유시일념 이수
雖隨諸佛하야 **了知三世**가 **唯是一念**이나 **而隨**

중생 의해분별 이종종상 종종시 종종
衆生의 **意解分別**하야 **以種種相**과 **種種時**와 **種種**

겁수 이수제행
劫數로 **而修諸行**이니라

"비록 모든 부처님을 따라 삼세가 오직 한 생각인 줄을 알지만 중생들의 뜻으로 이해하고 분별함을 따라서 여러 가지 모양과 여러 가지 시절과 여러 가지 겁으로써 모든 행을 닦느니라."

과거니 현재니 미래니 하는 시간성도 실은 실재하는 것이 아니고 오직 한 생각의 조작이다. 과거니 현재니 미래니 하는 것은 중생들의 뜻으로 이해하고 분별하는 것이다. 보살은 그와 같은 중생들의 뜻과 이해와 분별을 따라 여러 가지 모양과 여러 가지 시절과 여러 가지 겁으로써 모든 행을 닦는다.

보살 이여시십종방편혜 기수승행 종
菩薩이 **以如是十種方便慧**로 **起殊勝行**하야 **從**
제육지 입제칠지 입이 차행 상현재전
第六地로 **入第七地**하나니 **入已**에 **此行**이 **常現在前**이
명위주제칠원행지
名爲住第七遠行地니라

"보살이 이와 같이 열 가지 방편 지혜로 수승한 행을 일으키므로 제6지로부터 제7지에 들어가는 것이며, 들어간 뒤에는 이 행이 항상 앞에 나타나는 것을 제7 원행지에 머문다 하느니라."

제7 원행지에 머문 보살은 이와 같이 열 가지 방편 지혜로 수승한 행을 일으키므로 제6지로부터 제7지에 들어간 것이다.

3) 한량없는 법을 수행하여 장애를 다스리다

불자 보살마하살 주차제칠지이 입무량
佛子야 **菩薩摩訶薩**이 **住此第七地已**에 **入無量**

중생계 입무량제불교화중생업 입무량
衆生界하고 **入無量諸佛敎化衆生業**하며 **入無量**

세계망 입무량제불청정국토 입무량종
世界網하고 **入無量諸佛淸淨國土**하며 **入無量種**

종차별법
種差別法하고

"불자여, 보살마하살이 제7지에 머물고는 한량없는 중생계에 들어가며, 한량없는 모든 부처님의 중생을 교화하는 업에 들어가며, 한량없는 세계 그물에 들어가며, 한량없는 모든 부처님의 청정한 국토에 들어가며, 한량없는 갖가지 차별한 법에 들어가느니라."

보살이 제7 원행지에 머물고 나서는 온갖 경계에 일일이 다 들어가는 능력이 있으므로 이와 같은 경계에 들어감을 밝혔다. 모두 20종의 경계이다. 각각 다섯 경계로 나누어 한 단락을 삼았다.

입무량제불현각지 입무량겁수 입무
入無量諸佛現覺智하며 入無量劫數하고 入無
량제불각료삼세지 입무량중생차별신해
量諸佛覺了三世智하며 入無量衆生差別信解하고
입무량제불시현종종명색신
入無量諸佛示現種種名色身하며

"한량없는 모든 부처님의 깨달음을 나타내는 지혜에 들어가며, 한량없는 겁에 들어가며, 한량없는 모든 부처님의 삼세를 깨닫는 지혜에 들어가며, 한량없는 중생이 차별하게 믿고 이해하는 데 들어가며, 한량없는 모든 부처님이 갖가지 이름을 나타내는 색신에 들어가느니라."

입무량중생욕락제근차별 입무량제불어
入無量衆生欲樂諸根差別하고 入無量諸佛語
언음성 영중생환희 입무량중생종종심
言音聲하야 令衆生歡喜하며 入無量衆生種種心
행 입무량제불요지광대지 입무량성문
行하고 入無量諸佛了知廣大智하며 入無量聲聞

승 신 해
乘信解하고

"한량없는 중생의 욕망과 좋아함과 모든 근성이 차별한 데 들어가며, 한량없는 모든 부처님이 말씀과 음성으로 중생을 즐겁게 하는 데 들어가며, 한량없는 중생의 여러 가지 마음과 행동에 들어가며, 한량없는 모든 부처님이 분명하게 아시는 광대한 지혜에 들어가며, 한량없는 성문들의 믿고 이해하는 데 들어가느니라."

입무량제불 설지도 영신해 입무량
入無量諸佛의 說智道하야 令信解하며 入無量

벽지불소성취 입무량제불 설심심지혜문
辟支佛所成就하고 入無量諸佛의 說甚深智慧門

영취입 입무량제보살방편행 입무량
하야 令趣入하며 入無量諸菩薩方便行하고 入無量

제불소설대승집성사 영보살득입
諸佛所說大乘集成事하야 令菩薩得入이니라

"한량없는 모든 부처님이 지혜의 도를 말하여 믿고 이해하게 하는 데 들어가며, 한량없는 벽지불이 성취한

데 들어가며, 한량없는 모든 부처님이 매우 깊은 지혜문을 말하여 나아가게 하는 데 들어가며, 한량없는 모든 보살의 방편인 행에 들어가며, 한량없는 모든 부처님이 말씀하신 대승을 모아서 집대성하는 일에 들어가서 보살로 하여금 들어가게 하느니라."

차보살 작시념 여시무량여래경계 내
此菩薩이 **作是念**호대 **如是無量如來境界**는 **乃**
지어백천억나유타겁 불능득지 아실응
至於百千億那由他劫에도 **不能得知**일새 **我悉應**
이무공용무분별심 성취원만
以無功用無分別心으로 **成就圓滿**이라하나니라

"이 보살이 생각하기를 '이와 같이 한량없는 여래의 경계는 내지 백천억 나유타 겁에도 알 수 없는 것이니, 내가 마땅히 공용功用이 없고 분별이 없는 마음으로 원만하게 성취하리라.' 라고 하느니라."

보살이 제7지에 머물고는 한량없는 중생계에 들어가고, 한량없는 모든 부처님의 중생을 교화하는 업에 들어가는 것

등 스무 가지 경계에 들어가는 것을 밝혔다. 그리고 생각하기를 '이와 같이 한량없는 여래의 경계는 내지 백천억 나유타 겁에도 알 수 없는 것이니, 내가 마땅히 공용功用이 없고 분별이 없는 마음으로 원만하게 성취하리라.'라고 하였다.

불자 차보살 이심지혜 여시관찰 상
佛子야 此菩薩이 以深智慧로 如是觀察호대 常
근수습방편혜 기수승도 안주부동 무
勤修習方便慧하고 起殊勝道하야 安住不動하야 無
유일념 휴식폐사 행주좌와 내지수몽
有一念도 休息廢捨하야 行住坐臥로 乃至睡夢히
미증잠여개장상응 상불사어여시상념
未曾暫與蓋障相應하고 常不捨於如是想念이니라

"불자여, 이 보살이 깊은 지혜로 이와 같이 관찰하고, 방편 지혜를 항상 부지런히 닦고, 수승한 도를 일으켜서 편안히 머물고 동하지 않으며, 한 생각도 쉬거나 폐하지 아니하고, 가고 머물고 앉고 눕거나 내지 꿈에라도 번뇌와 업장으로 더불어 일찍이 서로 응하지 않으며, 이와 같은 생각을 항상 버리지 않느니라."

제7지에 머문 보살의 수행에 대한 결심과 원력이다. "수승한 도를 일으켜서 편안히 머물고 동하지 않으며, 한 생각도 쉬거나 폐하지 아니하고, 가고 머물고 앉고 눕거나 내지 꿈에라도 번뇌와 업장으로 더불어 일찍이 서로 응하지 않으며, 이와 같은 생각을 항상 버리지 않는다."고 하였다.

4) 열 가지 바라밀 등의 법을 닦다

차보살 어염념중 상능구족십바라밀
此菩薩이 **於念念中**에 **常能具足十波羅蜜**하나니

하이고 염념개이대비위수 수행불법
何以故오 **念念皆以大悲爲首**하야 **修行佛法**하야

향불지고
向佛智故니라

"이 보살은 생각 생각마다 열 가지 바라밀다를 항상 구족하느니라. 왜냐하면 생각 생각마다 대비大悲로 머리

를 삼고 부처님의 법을 수행하여 부처님의 지혜에 향하는 까닭이니라."

보살불교란 보살이 실천하는 순간순간의 보살행을 말한다. 보살이 실천하는 보살행은 십바라밀과 네 가지 포섭하는 법과 네 가지 총지와 37가지의 도를 돕는 법과 세 가지 해탈문과 내지 깨달음에 나아가는 일체 보리의 부분법과 십선과 사무량심과 인의예지 등이다. 이와 같은 수행법은 모두 중생을 향한 큰 자비가 머리가 되어 부처님께서 깨달으신 높은 지혜에 나아가기 위함이다. 여기서는 특별히 십바라밀을 하나하나 설명하였다.

소유선근 위구불지 시여중생 시명
所有善根으로 **爲求佛智**하야 **施與衆生**이 **是名**

단나바라밀
檀那波羅蜜이요

"자기에게 있는 선근을 부처님의 지혜를 구하기 위하여 중생에게 주는 것은 보시바라밀이라 하느니라."

보살은 자신이 닦은 일체 선근을 부처님의 지혜를 구하기 위하여 모두 중생들에게 보시한다. 더 높은 수행을 위한 회향이다. 수많은 보살 수행을 낱낱이 열거하기보다 이 보시 하나만 강조하더라도 보시 속에 나머지가 다 포함된다.

능 멸 일 체 제 번 뇌 열　　시 명 시 라 바 라 밀
能滅一切諸煩惱熱이 **是名尸羅波羅蜜**이요

"일체 모든 번뇌의 뜨거움을 능히 소멸하는 것은 지계持戒바라밀이라 하느니라."

자 비 위 수　　불 손 중 생　　시 명 찬 제 바 라 밀
慈悲爲首하야 **不損衆生**이 **是名羼提波羅蜜**이요

"자비로 머리를 삼아 중생을 해롭게 하지 않는 것은 인욕忍辱바라밀이라 하느니라."

구 승 선 법　　무 유 염 족　　시 명 비 리 야 바 라 밀
求勝善法호대 **無有厭足**이 **是名毘梨耶波羅蜜**이요

"훌륭하고 선한 법을 구하여 만족함이 없는 것은 정진바라밀이라 하느니라."

일체지도 상현재전 미상산란 시명선
一切智道가 常現在前하야 未嘗散亂이 是名禪

나바라밀
那波羅蜜이요

"일체 지혜의 길이 항상 앞에 나타나서 잠깐도 산란하지 않은 것은 선정바라밀이라 하느니라."

능인제법무생무멸 시명반야바라밀
能忍諸法無生無滅이 是名般若波羅蜜이요

"모든 법이 나지도 않고 멸하지도 않음을 능히 인정하는 것은 반야바라밀이라 하느니라."

능출생무량지 시명방편바라밀
能出生無量智가 是名方便波羅蜜이요

"한량없는 지혜를 능히 내는 것은 방편바라밀이라 하느니라."

능 구 상 상 승 지 시 명 원 바 라 밀
能求上上勝智가 **是名願波羅蜜**이요

"상상품上上品의 수승한 지혜를 구하는 것은 서원바라밀이라 하느니라."

일 체 이 론 급 제 마 중 무 능 저 괴 시 명 역 바 라 밀
一切異論과 **及諸魔衆**이 **無能沮壞**가 **是名力波羅蜜**이요

"일체 이단의 언론과 마군들이 능히 깨뜨릴 수 없는 것은 힘[力]바라밀이라 하느니라."

여 실 요 지 일 체 법 시 명 지 바 라 밀
如實了知一切法이 **是名智波羅蜜**이니라

"일체 법을 실제와 같이 아는 것은 지혜바라밀이라 하느니라."

불자　차십바라밀　보살　어염념중　개
佛子야 **此十波羅蜜**을 **菩薩**이 **於念念中**에 **皆**
득구족　여시사섭　사지　삼십칠품　삼해
得具足하며 **如是四攝**과 **四持**와 **三十七品**과 **三解**
탈문　약설내지일체보리분법　어염념중　개
脫門과 **略說乃至一切菩提分法**을 **於念念中**에 **皆**
실원만
悉圓滿이니라

"불자여, 이 열 가지 바라밀을 보살이 생각 생각마다 모두 구족하였으며, 이와 같이 네 가지 포섭하는 법, 네 가지 총지, 37가지의 도를 돕는 법, 세 가지 해탈문과 간략히 설하면 일체 보리의 부분법을 생각 생각마다 모두 원만히 하느니라."

네 가지 총지[四持]란 납득이 가는 설명을 보지 못하였다. 아마도 사섭법 다음이므로 당연히 사무량심이 아닐까 한다. 이와 같이 보살은 십바라밀과 사섭법과 사무량심과 37조도품과 그 외에 일체 깨달음에 나아가는 법들을 생각 생각마다 쉬지 않고 다 원만하게 한다. 이러한 법들을 몸소 실천궁행하는 것이 가장 이상적인 보살불교라고 할 수 있다.

5) 제7지와 보리분법菩提分法의 관계

이시 해탈월보살 문금강장보살언
爾時에 **解脫月菩薩**이 **問金剛藏菩薩言**하사대

불자 보살 단어차제칠지중 만족일체보리
佛子야 **菩薩**이 **但於此第七地中**에 **滿足一切菩提**

분법 위제지중 역능만족
分法가 **爲諸地中**에도 **亦能滿足**이니잇가

그때에 해탈월보살이 금강장보살에게 물었습니다. "불자여, 보살이 다만 이 제7지에서 일체 보리의 부분법을 만족합니까? 여러 지위에서도 또한 모두 만족합니까?"

여기에 이르러 두 분 보살이 특별히 문답하는 장면이 등장하였다. 그것은 십지 중에서 제7지가 보살 수행에 있어서 하나의 분기점이 되기 때문이다. 그 분기점이란 유공용有功用과 무공용無功用의 경계다. 즉 제7지까지는 유공용의 수행이라면 제8지부터는 무공용의 수행이라는 점이다.

해탈월보살이 질문한 일체 보리의 부분법이란 깨달음, 해탈, 열반에 나아가는 여러 가지 수행법을 일컫는다. 여기에는 4념처念處 · 4정근正勤 · 4여의족如意足 · 5근根 · 5력力 · 7각분覺分 · 8정도분正道分 등 37조도분을 특별히 말하고 있으나 그 외에도 보리, 즉 깨달음에 나아가는 수행은 모두 이 보리의 부분법에 해당한다.

금강장보살 언 불자 보살 어십지중
金剛藏菩薩이 言하사대 佛子야 菩薩이 於十地中에

개능만족보리분법 연 제칠지 최위수승
皆能滿足菩提分法이나 然이나 第七地가 最爲殊勝

하이고 차제칠지공용행만 득입지혜
이니 何以故오 此第七地功用行滿하야사 得入智慧

자 재 행 고
自在行故니라

금강장보살이 말하였습니다. "불자여, 보살이 십지 중에서 보리의 부분법을 모두 만족하지마는 그러나 제7지에서 가장 수승하니라. 왜냐하면 이 제7지에서 공용의 행[功用行]이 만족하여 지혜의 자재한 행에 들어가게 되는 연고이니라."

제7지에서 공용의 행이 만족하다 하였다. 공용의 행에는 유공용과 무공용이 있다. 공용이란 보살의 수행이 이미 진여眞如를 깨달았으나 아직도 수행하는 공을 쌓아야 한다는 뜻으로 유공용이라 한다. 제8지 이후로는 설사 수행의 공을 쌓더라도 그것을 수행을 한다고 표현하지 않는다. 수행이라 할 것도 없으며 수행도 저절로 되기 때문에 무공용이라 한다. 이러한 분기점이 되기 때문에 제7지를 수행 중에서는 가장 수승한 수행이라고 한 것이다. "공용의 행이 만족하여 지혜의 자재한 행에 들어가게 된다."는 것은 제8지에서 무공용의 수행이 된다는 뜻이다. 무공용이라야 지혜의 자재한 행에 들어가기 때문이다.

불자　보살　어초지중　연일체불법원구고
佛子야 **菩薩**이 **於初地中**에 **緣一切佛法願求故**

만족보리분법
로 **滿足菩提分法**하며

"불자여, 보살이 초지에서 일체 불법을 반연하여 원을 세워 구하므로 보리의 부분법을 만족하느니라."

제1지에서는 십바라밀 중에 보시행을 위주로 수행하여 일체 불법을 구하여 깨달음의 부분법을 만족한다.

제이지　이심구고
第二地에 **離心垢故**며

"제2지에서는 마음의 때를 여의는 연고이니라."

제2지에서는 지계바라밀을 수행하여 깨달음을 구하므로 마음의 때를 여읜다고 하였다.

제삼지 원전증장 득법광명고 제사지
第三地에 願轉增長하야 得法光明故며 第四地

입도고 제오지 순세소작고 제육지 입
에 入道故며 第五地에 順世所作故며 第六地에 入

심심법문고 제칠지 기일체불법고 개역만
甚深法門故며 第七地에 起一切佛法故로 皆亦滿

족보리분법
足菩提分法이니라

"제3지에서는 원이 더욱 증장하여 법의 광명을 얻은 연고며, 제4지에서는 도에 들어가는 연고며, 제5지에서는 세상의 하는 일을 따르는 연고며, 제6지에서는 깊은 법문에 들어가는 연고며, 제7지에서는 일체 불법을 일으키는 연고로, 모두 보리의 부분법을 만족하느니라."

제1지에서 제7지까지 법문의 특징을 지금까지 낱낱이 자세히 밝혔는데 여기서 다시 간략히 정리하였다.

하이고 보살 종초지 내지제칠지 성
何以故오 菩薩이 從初地로 乃至第七地하야사 成

취지공용분 이차력고 종제팔지 내지제
就智功用分이니 以此力故로 從第八地로 乃至第

십지 무공용행 개실성취
十地히 無功用行을 皆悉成就니라

"왜냐하면 보살이 초지로부터 제7지에 이르도록 지혜의 공용 있는 부분을 성취하는 것이며, 이 공용의 힘으로 제8지에 들어가서 제10지에 이르도록 공용이 없는 행을 모두 성취하느니라."

제7지까지는 지혜의 공용 있는 부분을 성취하고, 제8지부터 제10까지는 공용이 없는 행을 모두 성취한다고 경계를 지어 밝혔다.

불자 비여유이세계 일처 잡염 일처
佛子야 譬如有二世界호대 一處는 雜染이며 一處

순정 시이중간 난가득과 유제보살 유
는 純淨이라 是二中間을 難可得過니 唯除菩薩의 有

대방편신통원력
大方便神通願力인달하니라

"불자여, 비유하면 여기 두 세계가 있는데, 한 곳은 물들었고 한 곳은 청정하거든, 두 세계의 중간을 지나가기 어려우니라. 오직 보살로서 큰 방편과 신통과 원과 힘이 있는 이는 제외하느니라."

십지 중에서 앞의 6지와 중간의 제7지와 뒤의 3지의 관계를 먼저 비유를 들고 뒤에 법을 밝혔다. 이 관계를 분별하는 내용은 청량스님의 설명에서 분명히 알 수 있다.

불자 보살제지 역부여시 유잡염행
佛子야 **菩薩諸地**도 **亦復如是**하야 **有雜染行**하며

유청정행 시이중간 난가득과 유제보살
有淸淨行이라 **是二中間**을 **難可得過**니 **唯除菩薩**의

유대원력방편지혜 내능득과
有大願力方便智慧하야 **乃能得過**니라

"불자여, 보살의 여러 지위도 이와 같아서 물든 행도 있고 청정한 행도 있거든, 이 두 지위의 중간을 지나가기 어려우니라. 오직 보살로서 큰 원과 힘과 방편과 지

혜가 있는 이는 능히 지나갈 수 있느니라."

청량스님은 소疏에서 "지나가기 어렵다는 것은 마치 사바세계에서 극락세계에 가기가 청정하고 더러움의 영역이 끊어진 것과 같다. 앞의 6지에서 뒤의 3지를 지나가기가 어려운 것도 또한 그러하다. 요컨대 제7지의 큰 서원과 방편을 얻어야 비로소 능히 그것을 뛰어넘는다. 청정한 영역[뒤 3지]에는 이 제7지를 말미암아서 이르게 되고, 더러운 영역[앞 6지]은 제7지를 말미암아서 지나가게 된다. 그러므로 이 한 지위가 가장 수승하고 요긴함이 된다."[6] 라고 하였다.

6) 제7지와 염정染淨의 관계

해탈월보살　언　　불자　차칠지보살　위
解脫月菩薩이 言하사대 佛子야 此七地菩薩이 爲

6)【難過】者, 猶娑婆之於極樂, 淨穢域絕. 前六後三, 難過亦爾. 要得此地大願方便, 方能越之. 淨由此到. 染由此過. 故此一地最為勝要.

시염행 위시정행
是染行가 爲是淨行이니잇가

해탈월보살이 물었습니다. "불자여, 이 제7지 보살은 물든 행입니까, 청정한 행입니까?"

금강장보살 언 불자 종초지 지칠지
金剛藏菩薩이 言하사대 佛子야 從初地로 至七地히
소행제행 개사리번뇌업 이회향무상보리
所行諸行이 皆捨離煩惱業이니 以迴向無上菩提
고 분득평등도고 연 미명위초번뇌행
故며 分得平等道故라 然이나 未名爲超煩惱行이니라

금강장보살이 말하였습니다. "불자여, 초지로부터 제7지에 이르도록 수행하는 여러 행이 모두 번뇌의 업을 떠나서 가장 높은 보리에 회향하는 것이므로 부분적으로는 평등한 도道를 얻었거니와 그러나 번뇌를 초월한 행이라고는 이름하지 못하느니라."

해탈월보살이 앞의 6지와 뒤의 3지 중간에 있는 제7지의 성격과 관련하여 더러운 경지인지 청정한 경지인지에 대해서 물었는데 금강장보살은 "수행하는 여러 행이 모두 번뇌의 업을 떠나서 가장 높은 보리에 회향하는 것이므로 부분적으로는 평등한 도道를 얻었거니와 그러나 번뇌를 초월한 행이라고는 이름하지 못함"을 밝혔다. 즉 청정과 물듦의 중간이라서 완전히 청정함도 아니고 그렇다고 완전히 물듦도 아니라고 하였다.

불자 비여전륜성왕 승천상보 유사천
佛子야 **譬如轉輪聖王**이 **乘天象寶**하고 **遊四天**

하 지유빈궁곤고지인 이불위피중환소염
下에 **知有貧窮困苦之人**하야 **而不爲彼衆患所染**

연 미명위초과인위
이나 **然**이나 **未名爲超過人位**어니와

"불자여, 비유하면 마치 전륜성왕이 하늘의 코끼리를 타고 사천하를 다닐 적에 빈궁하고 곤란한 사람이 있는 줄 알면서도 그들의 걱정에 물들지 않지마는 그래도 인간의 지위를 초월하였다고는 이름하지 못하느니라."

다시 전륜성왕의 예를 들어 비유로써 밝혔다. "전륜성왕이 하늘의 코끼리를 타고 사천하를 다닐 적에 빈궁하고 곤란한 사람이 있는 줄 알면서도 그들의 걱정에 물들지 않지마는 그래도 인간의 지위를 초월하였다고는 이름하지 못하는 것과 같다."고 하였다.

전륜성왕이 노닌다는 사천하四天下는 수미산의 사방에 있는 네 개의 대주大洲다. 남을 섬부주贍部洲, 동을 승신주勝身洲, 서를 우화주牛貨洲, 북을 구로주瞿盧洲라고 한다. ① 남섬부주는 구역舊譯에 남염부제南閻浮提이다. 수풀과 과일로써 이름을 지었다. ② 동승신주는 범어로 동비제하東毘提河인데 구역에 동불바제東弗婆提이다. 몸의 형상이 수승하므로 승신勝身이라 이름한다. ③ 서우화주는 범어로 서구다니西瞿陀尼다. 소로써 팔고 사고 함으로 우화牛貨라 이름한다. ④ 북구로주는 구역에는 북울단월北鬱單越이다. 승처勝處라 번역하는데 4주 중에서 국토가 가장 수승하므로 승처라 이름한다. 이 사천하는 욕망의 세계[欲界]이므로 더러움이 가득한 곳이다. 십지 중에서 앞의 6지에 비유하였다.

약사왕신 생어범세 승천궁전 견천
若捨王身하고 生於梵世하야 乘天宮殿하야 見千

세계 유천세계 시현범천 광명위덕
世界하며 遊千世界하야 示現梵天의 光明威德하면

이내명위초과인위
爾乃名爲超過人位인달하야

"만일 전륜성왕의 몸을 버리고 범천에 태어나서 하늘궁전을 타고 1천 세계를 보면서 1천 세계를 다닐 적에 범천의 광명과 위덕을 나타내면 그제야 인간의 지위를 초월하였다고 이름하느니라."

전륜성왕이 욕계의 몸을 버리고 범천에 태어나서 하늘궁전을 타고 1천 세계를 보면서 1천 세계를 다닐 적에 범천의 광명과 위덕을 나타낸다는 범천은 바라하마천婆羅賀摩天이라고도 한다. 색계 초선천이다. 범梵은 맑고 깨끗하다는 뜻이다. 이 하늘은 욕계의 음욕을 여의어서 항상 깨끗하고 조용하므로 범천이라 한다. 여기에 세 하늘이 있으니 범중천·범보천·대범천이다. 그것을 범천이라 통칭한다. 그냥 범천이라 할 때는 초선천의 주主인 범천왕을 가리킨다. 색계를 뛰어넘은 청정한 세계다. 십지 중에서 뒤의 3지에 비유하였다.

불자 보살 역부여시 시종초지 지어
佛子야 菩薩도 亦復如是하야 始從初地로 至於
칠지 승바라밀승 유행세간 지제세간번
七地히 乘波羅蜜乘하고 遊行世間에 知諸世間煩
뇌과환 이승정도고 불위번뇌과실소염
惱過患하야 以乘正道故로 不爲煩惱過失所染이나
연 미명위초번뇌행
然이나 未名爲超煩惱行이어니와

"불자여, 보살도 또한 그와 같으니라. 처음 초지로부터 제7지에 이르도록 바라밀다의 수레를 타고 세간을 다닐 적에 모든 세간의 번뇌와 근심을 알면서도 바른 도에 올랐으므로 번뇌의 허물에 물들지는 않지만 그러나 번뇌를 초월한 행이라고는 이름하지 못하느니라."

제7지는 앞의 6지와 함께하기도 하고 뒤의 3지와 함께하기도 한다. 6지와 3지의 중간이기 때문에 양쪽을 넘나드는 지위라고 할 수 있다. 즉 번뇌의 허물에 물들지는 않지만 그러나 번뇌를 완전히 초월한 행이라고는 이름하지 못하기 때문이다.

약사일체유공용행 종제칠지 입제팔지
若捨一切有功用行하고 從第七地로 入第八地

승보살청정승 유행세간 지번뇌과실
하야 乘菩薩淸淨乘하고 遊行世間에 知煩惱過失하야

불위소염 이내명위초번뇌행 이득일체
不爲所染하면 爾乃名爲超煩惱行이니 以得一切

진초과고
盡超過故니라

"만일 일체 공용이 있는 행을 버리고 제7지로부터 제8지에 들어가서 보살의 청정한 법의 수레를 타고 세간을 다닐 적에는 번뇌의 허물을 알지만 거기에 물들지 아니하나니 그때서야 번뇌를 초월한 행이라 이름하리니 온갖 것을 모두 초월함을 얻은 연고이니라."

제7지로부터 제8지에 들어가서 보살의 청정한 법의 수레를 타고 세간을 다닐 적에는 번뇌의 허물을 알지만 거기에 물들지 아니하나니 그때서야 번뇌를 초월한 행이라 이름할 수 있다.

불자 차제칠지보살 진초과다탐등제번
佛子야 此第七地菩薩이 盡超過多貪等諸煩
뇌중 주차지 불명유번뇌자 불명무번뇌
惱衆하고 住此地에 不名有煩惱者며 不名無煩惱
자 하이고 일체번뇌 불현행고 불명유자
者니 何以故오 一切煩惱가 不現行故로 不名有者며
구여래지심 미만고 불명무자
求如來智心이 未滿故로 不名無者니라

"불자여, 이 제7지 보살이 탐욕이 많은 따위의 여러 가지 번뇌를 모두 초월하여 이 지위에 머물면 번뇌가 있는 이라 이름하지도 않고 번뇌가 없는 이라 이름하지도 않느니라. 왜냐하면 일체 번뇌가 현재에 행하지 아니하므로 번뇌가 있는 이라 하지도 않고, 여래의 지혜를 구하는 마음이 아직 만족하지 못하였으므로 번뇌가 없는 이라 하지도 않느니라."

제7지의 경지를 "번뇌가 있는 이라 이름하지도 않고, 번뇌가 없는 이라 이름하지도 않는다."고 하였다. 그래서 앞의 6지와 뒤의 3지를 잘 연결해 주는 지위이다.

7) 제7지 보살의 업 청정業淸淨

불자 보살 주차제칠지 이심정심 성
佛子야 菩薩이 住此第七地에 以深淨心으로 成

취신업 성취어업 성취의업 소유일체
就身業하며 成就語業하며 成就意業하야 所有一切

불선업도 여래소가 개이사리 일체선업
不善業道의 如來所訶를 皆已捨離하고 一切善業의

여래소찬 상선수행 세간소유경서기술
如來所讚을 常善修行하며 世間所有經書技術을

여오지중설 개자연이행 불가공용
如五地中說하야 皆自然而行이요 不假功用이니라

"불자여, 보살이 이 제7지에 머물러서는 깊고 깨끗한 마음으로 몸의 업을 성취하고, 말의 업을 성취하고, 뜻의 업을 성취하여 일체 선하지 못한 업으로서 여래가

꾸짖으신 것은 모두 여의었고, 일체 선한 업으로서 여래가 칭찬하신 것은 항상 닦아 행하며, 세간에 있는 경전이나 기술이나 제5지에서 말한 것들을 모두 자연스럽게 행하게 되어 일부러 공을 들이는 것이 아니니라."

칠불통계七佛通戒에 "모든 악을 짓지 말고 온갖 선을 받들어 행하라. 스스로 뜻을 청정히 하는 것, 이것이 모든 부처님의 가르침이다."[7]라고 하였다. 보살로서는 당연히 행해야 할 일이다.

또 제5지에서는 "불자여, 이 보살마하살이 중생을 이익되게 하기 위하여 세간의 기예를 모두 익히느니라. 이른바 문자와 산수와 그림과 서적과 인장과 지대, 수대, 화대, 풍대와 갖가지 온갖 이론을 모두 통달하느니라."라고 하였다. 또한 "약과 방문을 잘 알아서 여러 가지 병을 치료하되 간질과 미친 증세와 소갈병과 귀신이 지피고 도깨비에 놀라고 모든 방자와 저주를 다 능히 없애느니라."라고 하였다. 제5지에서와 다른 점은 공용을 사용하지 않고도 저

7) 諸惡莫作 衆善奉行 自淨其意 是諸佛教.

절로 그와 같은 세간의 기능과 학문과 예능까지 잘 행하는 것이다. 그와 같은 일체사를 마치 호흡하듯이 자연스럽게 한다.

차보살 어삼천대천세계중 위대명사
此菩薩이 於三千大千世界中에 爲大明師하나니
유제여래 급팔지이상 기여보살 심심묘
唯除如來와 及八地已上하고 其餘菩薩은 深心妙
행 무여등자 제선삼매 삼마발저 신통해
行이 無與等者며 諸禪三昧와 三摩鉢底와 神通解
탈 개득현전 연시수성 비여팔지 보득
脫이 皆得現前이나 然是修成이라 非如八地에 報得
성취
成就니

"이 보살이 삼천대천세계에서 크고 밝은 스승이 되나니, 여래와 제8지 이상의 보살을 제외하고 다른 보살의 깊은 마음과 묘한 행으로는 동등할 이가 없으며, 모든 선정의 삼매와 삼마발저와 신통과 해탈이 모두 앞에 나타나거니와, 그러나 그것은 닦아서 이루어진[修成] 것이고, 제8지와 같이 과보로 얻은[報得] 것이 아니니라."

삼천대천세계에서 크고 밝은 스승이 되어 모든 삼매와 삼마발저와 신통과 해탈이 모두 앞에 나타나지만 그것은 닦아서 이루어진[修成] 것이고 저절로 된 것은 아니다.

차지보살 어염념중 구족수집방편지력
此地菩薩이 **於念念中**에 **具足修集方便智力**과

급일체보리분법 전승원만
及一切菩提分法하야 **轉勝圓滿**이니라

"이 지위의 보살이 생각 생각마다 구족하게 닦아 모은 방편 지혜의 힘과 일체 보리의 부분법이 점점 더 원만하게 되느니라."

제7지의 보살이 쉬지 않고 닦은 방편 지혜와 보리에 나아가는 방법들이 점점 더 원만하게 된다.

8) 제7지에서 얻는 삼매

불자 보살 주차지 입보살 선관택삼매
佛子야 菩薩이 住此地에 入菩薩의 善觀擇三昧와

선택의삼매 최승혜삼매 분별의장삼매 여
善擇義三昧와 最勝慧三昧와 分別義藏三昧와 如

실분별의삼매 선주견고근삼매 지혜신통
實分別義三昧와 善住堅固根三昧와 智慧神通

문삼매 법계업삼매 여래승리삼매 종종의
門三昧와 法界業三昧와 如來勝利三昧와 種種義

장생사열반문삼매
藏生死涅槃門三昧하나니라

"불자여, 보살이 이 지에 머무르면 보살의 잘 관찰하여 선택하는[善觀擇] 삼매와, 이치를 잘 선택하는[善擇義] 삼매와, 가장 수승한 지혜[最勝慧] 삼매와, 이치의 장을 분별하는[分別義藏] 삼매와, 실제와 같이 뜻을 분별하는[如實分別義] 삼매와, 견고한 뿌리에 잘 머무는[善住堅固根] 삼매와, 지혜 신통의 문[智慧神通門] 삼매와, 법계의 업[法界業] 삼매와, 여래의 수승한 이익[如來勝利] 삼매와, 갖가지 뜻을 갈무리한 생사 열반의 문[種種義藏生死涅槃門] 삼매에 들어가느니라."

입여시등구족대지신통문백만삼매 정치
入如是等具足大智神通門百萬三昧하야 淨治

차지 시보살 득차삼매 선치정방편혜고
此地니 是菩薩이 得此三昧하야 善治淨方便慧故며

대비력고 초과이승지 득관찰지혜지
大悲力故로 超過二乘地하야 得觀察智慧地니라

"이와 같이 큰 지혜와 신통의 문을 구족한 백만 삼매에 들어가서 이 지위를 깨끗하게 다스리느니라. 이 보살이 이 삼매를 얻고는 방편 지혜를 잘 다스려 깨끗이 하는 연고와 크게 자비한 힘으로 이승二乘의 지위를 뛰어넘어 지혜의 지위를 관찰하게 되느니라."

제7 원행지에 머문 보살이 얻는 열 가지 삼매를 밝혔다. 이와 같은 등의 백만 삼매를 갖춰서 원행지를 더욱 청정하게 다스린다.

9) 청정한 삼업三業

불자 보살 주차지 선정무량신업무상행
佛子야 菩薩이 住此地에 善淨無量身業無相行

선정무량어업무상행 선정무량의업무
하며 善淨無量語業無相行하며 善淨無量意業無

상행 고득무생법인광명
相行일새 故得無生法忍光明이니라

"불자여, 보살이 이 지위에 머물러서는 몸으로 짓는 한량없는 업의 모양 없는 행[無相行]을 깨끗이 하며, 말로 짓는 한량없는 업의 모양 없는 행을 깨끗이 하며, 뜻으로 짓는 한량없는 업의 모양 없는 행을 깨끗이 하므로 무생법인의 광명을 얻느니라."

보살이 이 지위에 머물러서 삼업三業으로 짓는 한량없는 업을 청정하게 한다. 그래서 무생법인無生法忍의 광명을 얻는다. 무생법인無生法忍이란 불생불멸하는 진여자성, 법성진여, 불성생명, 참마음, 참나, 참사람을 인지忍知하고 거기에 안주하여 움직이지 않는 것이다. 보살이 초지初地나 제7지, 제8지, 제9지에서 얻는 깨달음이다.

10) 이승二乘과의 차별

해탈월보살 언 불자 보살 종초지래
解脫月菩薩이 言하사대 佛子야 菩薩이 從初地來

소유무량신어의업 기불초과이승야
로 所有無量身語意業이 豈不超過二乘耶잇가

해탈월보살이 말하였습니다. "불자여, 보살이 초지로부터 여기까지 닦은 몸과 말과 뜻으로 지은 한량없는 업은 어찌하여 이승二乘을 뛰어넘지 못하나이까."

금강장보살 언 불자 피실초과 연
金剛藏菩薩이 言하사대 佛子야 彼悉超過나 然이나

단이원구제불법고 비시자지관찰지력
但以願求諸佛法故로 非是自智觀察之力이어니와

금제칠지 자지력고 일체이승 소불능급
今第七地는 自智力故로 一切二乘의 所不能及이니라

금강장보살이 대답하였습니다. "불자여, 저 이승들을 다 뛰어넘었지마는 그러나 다만 모든 부처님의 법 구하기를 원하는 까닭이요, 자기의 지혜로 관찰하는 힘이 아니었거니와, 이제 제7지는 자기 지혜의 힘으로 하는 것이므로 모든 이승이 미치지 못하는 것이니라."

제7지에 이르러 일체 이승二乘과의 비교를 들었다. 이승이란 성문과 연각이라는 일체 소승을 이르는 말로서 철저한 자기 수행으로 스스로의 열반과 해탈만을 이상으로 생각하는 아라한들이다. 보살의 수행인 십바라밀과 사섭법과 사무량심을 누차 거론하면서 삼현三賢을 지나 십지十地의 중간에 이르러 새삼스럽게 이승과의 차별을 거론하는 것은 무슨 뜻인지 짐작할 길이 없다.

비여왕자 생재왕가 왕후소생 구족왕
譬如王子가 生在王家에 王后所生으로 具足王

상 생이 즉승일체신중 단이왕력 비
相하야 生已에 卽勝一切臣衆이로대 但以王力이요 非

시자력 약신장대 예업실성 내이자
是自力이어니와 若身長大하야 藝業悉成하면 乃以自

력 초과일체
力으로 超過一切인달하야

"마치 왕자가 왕의 가문에 태어나면 왕후가 낳았고 왕의 모습을 갖추었으므로 나면서부터 모든 신하들보다 수승하거니와 그것은 오직 왕의 힘이요 자기 자신의 힘이 아니지마는 만약 몸이 자라고 기예를 모두 이루면 자기의 힘으로 모든 사람들보다 뛰어난 것과 같으니라."

제7지 보살의 경지가 이승과 차별한 점을 왕자가 왕의 가문에 태어났을 때의 비유를 들어 밝혔다.

보살마하살 역부여시 초발심시 이지
菩薩摩訶薩도 亦復如是하야 初發心時엔 以志

구대법고 초과일체성문독각 금주차지
求大法故로 超過一切聲聞獨覺이어니와 今住此地

이자소행지혜력고 출과일체이승지상
하야는 以自所行智慧力故로 出過一切二乘之上이니라

"보살마하살도 또한 그와 같아서 처음 발심할 때부

터 대승법에 뜻을 두어 구하므로 일체 성문과 독각을 초월하였지마는 이 지위에 머물러서는 자신이 행하는 지혜의 힘으로 일체 이승들의 위를 뛰어넘느니라."

성문과 독각의 길은 자신의 열반을 증득하여 해탈에 머물고 더 이상 다른 사람들이 해탈하는 것에 크게 관심을 두지 않는다. 그러나 보살은 처음부터 중생들의 해탈과 안락을 위해서 발심한 것이지 결코 자기를 위해서 발심한 것이 아니다. 이 화엄경은 처음부터 중생을 위한 보살의 삶을 근본 취지로 삼는다. '자미득도선도타自未得度先度他'라고 하였듯이 자기 자신은 제도를 얻지 못하였으나 다른 사람을 먼저 제도한다는 정신이다.

불자 보살 주차제칠지 득심심원리무행
佛子야 菩薩이 住此第七地에 得甚深遠離無行

상행신어의업 근구상도 이불사리
常行身語意業하야 勤求上道하야 而不捨離하나니

시고보살 수행실제 이부작증
是故菩薩이 **雖行實際**나 **而不作證**이니라

"불자여, 보살이 이 제7지에 머물러서는 매우 깊고 멀리 여의었으며, 행함이 없이 항상 행하는 몸과 말과 뜻으로 짓는 업을 얻어서 더 높은 도를 부지런히 구하여 버리지 아니하느니라. 그러므로 보살이 비록 실제를 행하지마는 증證하지는 아니하느니라."

"보살이 비록 실제를 행하지마는 증證하지는 아니한다."는 것은 진리인 실제를 증득했으나 그 진리에 머물러 있지 않고 부지런히 중생을 교화하고 조복한다는 뜻이다. 보살이 만약 진리를 증득하고 그 진리에 머물러 있기만 하면 그것은 곧 대승의 보살불교에서 가장 경계하는 소승 아라한이 되고 말기 때문이다.

11) 정定에 드는 일

해탈월보살 언 불자 보살 종하지래
解脫月菩薩이 **言**하사대 **佛子**야 **菩薩**이 **從何地來**

능입멸정
하야 能入滅定이니잇고

해탈월보살이 말하였습니다. "불자여, 보살이 어느 지위로부터 능히 적멸한 선정에 들게 됩니까?"

금강장보살 언 불자 보살 종제육지
金剛藏菩薩이 言하사대 佛子야 菩薩이 從第六地

래 능입멸정 금주차지 능염념입
來로 能入滅定이어니와 今住此地하야는 能念念入하며

역염념기 이부작증 고차보살 명위성취
亦念念起호대 而不作證일새 故此菩薩이 名爲成就

불가사의신어의업 행어실제 이부작증
不可思議身語意業하야 行於實際호대 而不作證

이니라

금강장보살이 대답하였습니다. "불자여, 보살이 제6지로부터 능히 적멸한 선정에 들어가거니와, 지금 이 지위에서는 생각 생각마다 들어가고 생각 생각마다 일어나면서도 증證하지는 아니하느니라. 그러므로 이 보살을 '몸과 말과 뜻으로 짓는 불가사의한 업을 성취하고 실제를 행하지마는 증하지 않는다.' 라고 하느니라."

제6지 보살과 제7지 보살이 적멸한 선정에 드는 것이 서로 차원이 다름을 밝혔다. 제6지 보살이 공용이 있는 선정이라면 제7지 보살은 공용이 없는 선정이다. 그러므로 생각 생각마다 선정에 들어가고 생각 생각마다 일어나면서도 그것에 집착하거나 머물러 있지는 않는다.

비여유인 승선입해 이선교력 부조수
譬如有人이 **乘船入海**에 **以善巧力**으로 **不遭水**

난 차지보살 역부여시 승바라밀선
難인달하야 **此地菩薩**도 **亦復如是**하야 **乘波羅蜜船**

행실제해 이원력고 이부증멸
하고 **行實際海**호대 **以願力故**로 **而不證滅**이니라

"비유하자면 마치 어떤 사람이 배를 타고 바다에 들어감에 교묘한 방편의 힘으로 물의 재난을 만나지 아니하느니라. 이 지위의 보살도 또한 그와 같아서 바라밀다의 배를 타고 실제實際라는 바다를 다니면서도 서원의

힘으로 열반에 매여 있지는 아니하느니라."

제7지 보살이 생각 생각마다 선정에 들어가고 생각 생각마다 일어나면서도 그것에 집착하거나 머물러 있지는 않는 것을 비유로 밝혔다. 배는 물을 이용해서 바다를 항해하지만 물에 빠지지 않는다. 보살이 선정에 들고 나며 진리를 증득하는 것도 그와 같아야 한다.

12) 제7지 보살이 방편으로 보이다

佛子(불자)야 此菩薩(차보살)이 得如是三昧智力(득여시삼매지력)하야 以大方便(이대방편)으로 雖示現生死(수시현생사)나 而恒住涅槃(이항주열반)하며

"불자여, 이 보살이 이와 같은 삼매와 지혜의 힘을 얻고는 큰 방편으로 비록 생사를 나타내지마는 항상 열반에 머무느니라."

제7 원행지 보살이 보살로서 가장 이상적인 방편을 행한다고 할 수 있는 여러 가지 면을 보인다. 예컨대 중생들처럼 삶과 죽음을 다 나타내 보이지만 항상 적정한 열반을 떠나지 않고 있다. 즉 생사를 떠난 열반의 경지에 있으면서 생사를 보이는 도리이다.

수 권 속 위 요　이 상 락 원 리
雖眷屬圍遶나 **而常樂遠離**하며

"비록 권속들이 둘러앉았지마는 항상 멀리 여의기를 좋아하느니라."

처자와 권속들이 삼대와 같이 많더라도 허망하기 이를 데 없다. 그렇다면 언제나 혼자라는 생각을 하면서 더불어 사는 것이다.

수 이 원 력　삼 계 수 생　이 불 위 세 법 소 염
雖以願力으로 **三界受生**이나 **而不爲世法所染**하며

"비록 원력으로써 삼계에 태어나지마는 세상 법에 물들지 아니하느니라."

보살은 언제나 중생들을 제도하겠다는 원력으로 그 생을 받아 태어난다. 그러므로 세상에 태어나서도 세상에 물들지 않는다. 마치 관광차 이 세상에 온 것과 같이 살다가 간다. 만약 관광차 어느 나라를 간다면 그 나라의 정치 제도가 어떠하든 교육 제도가 어떠하든 집착하지 않고 가벼운 마음으로 관광만 하고 돌아갈 것이다.

수상적멸　　이방편력　　이환치연　　수연
雖常寂滅이나 **以方便力**으로 **而還熾然**하고 **雖燃**

불소
不燒하며

"비록 항상 적멸하지마는 방편의 힘으로 도리어 치성하여 비록 불사르지마는 타지 아니하느니라."

제7지의 보살은 항상 참나, 참사람, 참마음의 적멸한 경지를 누리고 있으나 중생을 교화하고 제도하는 방편의 힘으로 치성하고 열렬하게 불타듯이 보살행을 펼치고 있다. 그러나 그 열렬함에 빠져 타 버리지는 않는다.

수수순불지　이시입성문벽지불지
雖隨順佛智나 **而示入聲聞辟支佛地**하며

"비록 부처님의 지혜를 따르지마는 성문이나 벽지불의 지위에 들어가는 것을 보이느니라."

또 보살은 그 깨달은 지혜가 부처님이 깨달으신 지혜를 수순하지만 성문이나 연각들을 교화하고자 그들의 경지에 들어감을 보인다.

수득불경계장　이시주마경계
雖得佛境界藏이나 **而示住魔境界**하며

"비록 부처님 경계의 곳집을 얻었지마는 마군의 경계에 머무는 것을 보이느니라."

또한 부처님의 경계를 얻었으나 마군들을 교화하느라고 마군의 경계에 머물기도 한다. 실로 모든 보살은 그들이 깨달은 경지는 이미 부처님의 경지에 이르렀으나 마군과 중생들을 제도하기 위하여 보살의 행을 나타내는 것이다. 그래서 보살은 부처가 되기 위한 마지막 단계로서의 보살이 아니라 영원히 보살로 머무는 것이다. 그래서 여러 종류의 불교 가운데 가장 이상적인 불교를 대승보살불교라고 하는 것이다.

수초마도 이현행마법
雖超魔道나 **而現行魔法**하며

"비록 마군의 도를 초월했지마는 마군의 법을 버젓이 행하느니라."

위에서 밝힌 것과 같이 보살은 본래 마군의 도를 초월했으나 마군들을 제도하고 중생들을 제도하기 위하여 마군들의 법을 행하고 중생들의 법을 행한다. 그래서 보살은 세상의 온갖 행 가운데 하지 않는 것이 없다.

수 시 동 외 도 행　　이 불 사 불 법
雖示同外道行이나 **而不捨佛法**하며

"비록 외도의 행과 같이 하지마는 부처님의 법을 버리지 아니하느니라."

외도나 마군을 제도하느라 외도나 마군의 행을 하고 중생을 교화하느라 중생의 행을 하지만 결코 한 번도 부처님의 법을 버리는 일이 없다.

수 시 수 순 일 체 세 간　　이 상 행 일 체 출 세 간 법
雖示隨順一切世間이나 **而常行一切出世間法**하며

"비록 일부러 모든 세간을 따르지마는 일체 출세간법을 항상 행하느니라."

세간과 출세간은 둘이 아니다. 세간의 삶을 살면 세간법이고 출세간의 삶을 살면 출세간법이다. 보살은 항상 출세간의 차원에 있으면서 세간의 중생을 교화하기 위해서 일체

세간을 수순하며 사는 것이다.

소유일체장엄지사　출과일체천용야차건달
所有一切莊嚴之事가 **出過一切天龍夜叉乾闥**

바아수라가루라긴나라마후라가인급비인제석
婆阿修羅迦樓羅緊那羅摩睺羅伽人及非人帝釋

범왕사천왕등지소유자　이불사리낙법지심
梵王四天王等之所有者나 **而不捨離樂法之心**

이니라

"일체 장엄하는 일이 천신, 용, 야차, 건달바, 아수라, 가루라, 긴나라, 마후라가, 사람, 사람 아닌 이와 제석, 범천왕, 사천왕이 가진 것보다 뛰어나지마는 법을 좋아하는 마음을 버리지 아니하느니라."

관세음보살이 입고 있는 옷은 세상에서 가장 아름답고 값비싼 고급 옷이며 몸에 두르고 있는 금은보화와 진주영락은 세상에서 제일가는 장엄거리다. 그 모든 것은 불법을 좋아하는 마음을 나타내느라 상징적으로 장엄한 것이다. 이와 같이 보살이 행하는 일은 양변에 치우치지 아니하면서 양변을 다 수용하여 중생들을 교화하는 것이다.

13) 원행지遠行地에 머문 공과功果

(1) 조화롭고 유연한 공과

불자　보살　성취여시지혜　주원행지
佛子야 **菩薩**이 **成就如是智慧**하야 **住遠行地**에

이원력고　득견다불　소위견다백불　내
以願力故로 **得見多佛**하나니 **所謂見多百佛**하며 **乃**

지견다백천억나유타불
至見多百千億那由他佛하야

"불자여, 보살이 이와 같은 지혜를 성취하여 원행지에 머물고는 서원하는 힘으로 많은 부처님을 친견하게 되느니라. 이른바 여러 백 부처님을 친견하며, 내지 여러 백천억 나유타 부처님을 친견하느니라."

어피불소 이광대심 증승심 공양공경
於彼佛所에 以廣大心과 增勝心으로 供養恭敬

존중찬탄 의복음식 와구의약 일체자
하고 尊重讚歎하야 衣服飮食과 臥具醫藥과 一切資

생 실이봉시
生을 悉以奉施하며

"저 부처님 계신 데서 광대한 마음과 더욱 수승한 마음으로 공양하고 공경하고, 존중하고 찬탄하며, 의복과 음식과 이부자리와 의약과 모든 생활용품을 받들어 이바지하느니라."

역이공양일체중승 이차선근 회향아
亦以供養一切衆僧하야 以此善根으로 廻向阿

뇩다라삼먁삼보리
耨多羅三藐三菩提하며

"또한 모든 스님들에게도 공양하고, 이 선근으로 아뇩다라삼먁삼보리에 회향하느니라."

부어불소 공경청법 문이수지 획여
復於佛所에 恭敬聽法하고 聞已受持하야 獲如

실삼매지혜광명 수순수행
實三昧智慧光明하야 隨順修行하며

"다시 또 부처님 계신 데서 공경하여 법을 듣고 받아 지니며, 실상과 같은 삼매와 지혜의 광명을 얻고, 수순하여 수행하느니라."

어제불소 호지정법 상위여래지소찬희
於諸佛所에 護持正法하야 常爲如來之所讚喜

일체이승 소유문난 무능퇴굴
하며 一切二乘의 所有問難이 無能退屈하며

"여러 부처님 계신 데서 바른 법을 보호하여 지니므로 항상 여래의 찬탄을 받나니, 모든 이승의 문난問難으로는 능히 퇴굴케 하지 못하느니라."

이익중생 법인청정 여시경무량백천억
利益衆生에 法忍淸淨하야 如是經無量百千億

나유타겁 소유선근 전갱증승
那由他劫토록 所有善根이 轉更增勝하나니

"중생에게 이익을 주며 법인法忍이 청정하여 이와 같이 한량없는 백천억 나유타 겁을 지나도 갖고 있는 선근은 점점 더 훌륭하게 되느니라."

비여진금 이중묘보 간착장엄 전갱증승 배익광명 여장엄구 소불능급
譬如眞金을 以衆妙寶로 間錯莊嚴하면 轉更增勝하고 倍益光明하야 餘莊嚴具의 所不能及인달하야

"비유하자면 마치 진금에다 아름다운 보석으로 사이사이를 장엄하면 더욱 훌륭하고 광명이 많아져서 다른 장엄거리로는 미치지 못하는 것과 같으니라."

보살 주차제칠지소유선근 역부여시
菩薩이 住此第七地所有善根도 亦復如是하야

이방편혜력 전갱명정 비시이승지소능
以方便慧力으로 轉更明淨하야 非是二乘之所能

급
及이니라

"보살이 이 제7지에 머물러서 가진 선근도 그와 같아서 방편 지혜의 힘으로 더욱 밝고 깨끗하여지나니, 이것은 이승으로는 미치지 못하느니라."

불자 비여일광 성월등광 무능급자 염
佛子야 譬如日光을 星月等光이 無能及者라 閻
부제지 소유니료 실능건갈 차원행지
浮提地의 所有泥潦를 悉能乾竭인달하야 此遠行地
보살 역부여시 일체이승 무유능급 실
菩薩도 亦復如是하야 一切二乘이 無有能及이라 悉
능건갈일체중생 제혹니료
能乾竭一切衆生의 諸惑泥潦니라

"불자여, 비유하면 햇빛은 달이나 별 따위의 빛으로는 미칠 수 없으며, 남섬부주에 있는 진창들을 모두 말려 버리는 것과 같이, 이 원행지 보살도 또한 그와 같아서 일체 이승으로는 미칠 수 없으며, 모든 중생의 번뇌 진창을 모두 말려 버리느니라."

제7 원행지의 보살은 마치 태양의 뜨거운 빛이 진창의 습기를 모두 말려 버리듯이 일체 중생의 삼독 번뇌와 팔만사천 번뇌의 진창과 습기를 모두 말려 버린다. 이 얼마나 통쾌한 일인가.

차보살 십바라밀중 방편바라밀 편다
此菩薩이 **十波羅蜜中**에 **方便波羅蜜**이 **偏多**하니

여비불수 단수력수분 불자 시명약설
餘非不修로대 **但隨力隨分**이니라 **佛子**야 **是名略說**

보살마하살 제칠원행지
菩薩摩訶薩의 **第七遠行地**니라

"이 보살이 십바라밀 중에는 방편바라밀이 치우쳐 많으니라. 다른 것을 닦지 않는 것은 아니지마는 힘을 따르고 분한을 따를 뿐이니라. 불자여, 이것이 보살마하살의 제7 원행지를 간략히 말한 것이니라."

제7 원행지에 머문 공과 중에 조화롭고 유연한 공과의 내용은 앞의 제6지와 제5지와 제4지 등에서 설명한 바와 같으

므로 더 이상의 부연 설명을 생략한다.

(2) 과보를 거두는 공과

菩薩이 住此地에 多作自在天王하야 善爲衆生하야 說證智法하야 令其證入하며 布施愛語利行同事하나니

"보살이 이 지위에 머물러서는 흔히 자재천왕이 되며, 중생들에게 증득한 지혜의 법[證智法]을 설하여 그들로 하여금 증득하여 들어가게 하며, 보시하고, 좋은 말을 하고, 이익한 행을 하고, 일을 함께하느니라."

보살이 중생을 교화하고 제도하는 데 사섭법四攝法은 반드시 따른다. 보살의 모든 수행 중에 한 가지만 선택하라면 당연히 보시다. 보시는 만행萬行의 근본이 된다. 육바라밀도, 십바라밀도, 사섭법도, 사무량심도, 금강경도 모두 보시가

근본임을 가르치고 있다. 그러므로 여러 가지 수행법을 거론할 것이 아니라 보시 한 가지만을 연구하여 강조하면 대승보살불교의 수행은 완전할 것이다.

여시일체제소작업 개불리염불 내지불
如是一切諸所作業이 皆不離念佛하며 乃至不
리염구족일체종 일체지지 부작시념
離念具足一切種과 一切智智니라 復作是念호대
아당어일체중생중 위수 위승 내지위일
我當於一切衆生中에 爲首며 爲勝이며 乃至爲一
체지지의지자
切智智依止者라하나니라

"이와 같이 여러 짓는 업이 모두 부처님을 생각함을 떠나지 아니하며, 내지 갖가지 지혜와 온갖 지혜의 지혜를 구족하려는 생각을 떠나지 아니하느니라. 다시 또 생각하기를 '내가 중생들 가운데 머리가 되고, 나은 이가 되고, 내지 온갖 지혜의 지혜에 의지함이 되리라.'라고 하느니라."

온갖 선근을 닦더라도 불법승 삼보에 대한 생각을 떠나지 않아야 한다는 것은 바르고 참다운 이치를 떠나지 않고 선을 행해야 한다는 뜻이다. 바르고 참다운 이치란 곧 일체 지혜의 지혜에 의지하는 길이다.

차보살 약발근정진 어일념경 득백천
此菩薩이 **若發勤精進**하면 **於一念頃**에 **得百千**

억나유타삼매 내지시현백천억나유타보살
億那由他三昧하며 **乃至示現百千億那由他菩薩**

이위권속
로 **以爲眷屬**이니라

"이 보살이 만일 부지런히 정진하면 잠깐 동안에 백천억 나유타 삼매를 얻으며, 내지 백천억 나유타 보살로 권속을 삼느니라."

(3) 원력과 지혜의 공과

약이보살수승원력 자재시현 과어차
若以菩薩殊勝願力으로 **自在示現**인댄 **過於此**

수 내지백천억나유타겁 불능수지
數하야 乃至百千億那由他劫에도 不能數知니라

"만일 보살의 수승한 원력으로 자유롭게 나타내면 이 수보다 훨씬 많아서 내지 백천억 나유타 겁에도 세어서 알 수 없느니라."

원력과 지혜의 공과도 앞에서 몇 차례 설명하였으므로 생략한다.

14) 게송으로 그 뜻을 거듭 설하다

(1) 제7지에 들어가는 방편 지혜

이시 금강장보살 욕중선기의 이설송
爾時에 金剛藏菩薩이 欲重宣其義하사 而說頌

왈
曰

그때에 금강장보살이 그 뜻을 다시 펴려고 게송으로 설하였습니다.

제일의지삼매도　　　육지수행심만족
第一義智三昧道를　　六地修行心滿足일새

즉시성취방편혜　　　보살이차입칠지
卽時成就方便慧하야　菩薩以此入七地로다

첫째가는 지혜와 삼매의 길을
제6지에서 수행하여 마음이 만족하고
즉시에 방편 지혜를 성취하여
보살이 이것으로 제7지에 들어가도다.

제7 원행지의 법문을 게송으로 거듭 설한다. 지혜와 삼매의 길을 제6지에서 닦아 마음이 만족하고 곧바로 방편 지혜를 성취하여 제7 원행지에 들어간다.

수명삼탈기자비　　　수등여래근공불
雖明三脫起慈悲하며　雖等如來勤供佛하며

수관어공집복덕　　　보살이차승칠지
雖觀於空集福德하야　菩薩以此昇七地로다

삼해탈을 밝혔으나 자비심 내고
여래와 평등해도 부지런히 부처님께 공양하며

텅 비어 공함을 관찰하고도 복덕을 모으니

보살이 이것으로 제7지에 올라가도다.

보살은 비록 공空해탈과 무상無相해탈과 무작無作해탈을 증득하여 일체 만유가 다 공空하다고 관하고, 상대적 차별한 모양이 없다고 관하고, 일체 것을 구할 것이 없고 지을 것이 없다고 관하지만 중생을 위한 자비를 일으켜서 보살행을 펼친다. 또한 여래와 동등하지만 부지런히 부처님께 공양 올린다. 텅 비어 공함을 관찰하고도 복덕과 지혜를 모은다. 제7지 보살의 경지는 이와 같다.

원 리 삼 계 이 장 엄　　　멸 제 혹 화 이 기 염
遠離三界而莊嚴하며　**滅除惑火而起焰**하며

지 법 무 이 근 작 업　　　요 찰 개 공 낙 엄 토
知法無二勤作業하며　**了刹皆空樂嚴土**하며

삼계를 여의고도 삼계를 장엄하며

번뇌의 불을 멸했으나 불꽃을 일으키며

둘이 없는 법을 알고도 업을 지으며

세계가 모두 공하지만 즐겨 국토를 장엄하도다.

보살은 삼계를 이미 떠났고 오온도 이미 떠났지만 밖으로는 삼계를 장엄하고 안으로는 오온을 장엄한다. 번뇌의 불을 이미 다 꺼 버렸으나 중생 교화를 위하여 다시 치성하게 불꽃을 일으킨다.

해 신 부 동 구 제 상　　달 성 성 리 선 개 연
解身不動具諸相하며　**達聲性離善開演**하며

입 어 일 념 사 각 별　　지 자 이 차 승 칠 지
入於一念事各別하야　**智者以此昇七地**로다

법신이 부동함을 아나 상호를 갖추고
소리 성품 떠났지만 연설 잘하며
한 생각에 들었지만 일은 각각 다르며
지혜로운 이는 이것으로 제7지에 올라가도다.

법신은 텅 비어 넓고 끝이 없다. 보살은 그와 같은 이치를 잘 알고도 32상과 80종호를 굳이 갖춘다. 또 소리처럼 공한 것이 없지만 한량없는 법문을 연설한다. 지혜로운 이는 이와 같은 이치로 제7지에 오른다.

(2) 한량없는 법을 수행하다

관찰차법득명료　　광위군미흥이익
觀察此法得明了하고　**廣爲群迷興利益**하야
입중생계무유변　　불교화업역무량
入衆生界無有邊과　**佛敎化業亦無量**하며

이러한 법을 관찰하여 분명히 알고
널리 중생들을 위하여 이익을 내며
그지없는 중생계에 들어가
부처님의 교화 사업 한량없도다.

"이러한 법을 관찰하여 분명히 안다."는 구절의 이러한 법이란 삼해탈을 밝혔으나 자비심을 내어 중생을 제도하고, 여래와 평등하더라도 다시 부지런히 부처님께 공양하며, 일체 법이 텅 비어 공함을 관찰하고도 열심히 복덕을 모으는 등의 중도적 견해에 의한 보살행을 의미한다.

국 토 제 법 여 겁 수　　　해 욕 심 행 실 능 입
國土諸法與劫數와　　解欲心行悉能入하며

설 삼 승 법 역 무 한　　　여 시 교 화 제 군 생
說三乘法亦無限하야　如是敎化諸群生이로다

국토와 모든 법과 한량없는 겁과
이해와 욕망과 마음과 행에 다 들어가서
삼승법三乘法을 설하기 한량없나니
이와 같이 모든 중생 교화하도다.

보살은 중생들의 근기를 따라 가지가지 국토와 가지가지 법과 가지가지 겁과 가지가지 이해와 가지가지 욕망과 가지가지 마음에 다 맞추어 들어가서 삼승법三乘法을 설한다. 삼승법뿐만 아니라 시대와 민족과 환경과 풍속에 맞추어 삼십승, 삼백승, 삼천승도 만들어 가며 한량없이 다 설한다. 이와 같이 모든 중생들을 교화한다.

(3) 바라밀을 성취하다

보 살 근 구 최 승 도　　　동 식 불 사 방 편 혜
菩薩勤求最勝道호대　**動息不捨方便慧**하야

일 일 회 향 불 보 리　　　염 념 성 취 바 라 밀
一一迴向佛菩提하며　**念念成就波羅蜜**하나니

보살이 가장 수승한 도를 부지런히 구하여
동하거나 쉬거나 방편 지혜 버리지 않고
낱낱이 부처님의 보리로 회향하여서
생각마다 바라밀을 성취하도다.

보살은 부지런히 수행하여 어떤 경우에도 방편 지혜를 버리지 않고 낱낱이 그 공덕을 돌려 자기가 바라는 바의 세 가지에 회향한다. 그 세 가지란 첫째는 보리회향으로 위없는 불과佛果의 지혜를 얻기 위하여 자기가 닦은 모든 선근 공덕을 회향하는 것이며, 둘째는 중생회향으로 일체 중생을 불쌍히 여기는 중생애衆生愛를 위하여 자기가 닦은 온갖 선근 공덕을 회향하는 것이며, 셋째는 실제회향으로 유위전변有爲轉變하는 세계를 싫어하고 열반의 이상경理想境에 도달하기 위하여 자기가 닦은 선근 공덕을 회향하는 것이다. 그것을 회

향삼처廻向三處라고 한다. 그래서 순간순간마다 바라밀을 성취한다.

발 심 회 향 시 보 시
發心廻向是布施요

멸 혹 위 계 불 해 인
滅惑爲戒不害忍이요

구 선 무 염 사 진 책
求善無厭斯進策이요

어 도 부 동 즉 수 선
於道不動卽修禪이요

발심하여 회향함은 보시가 되고
미혹을 끊음은 계행이며 침해 않음은 인욕이라
선善을 구해 만족 없음을 정진이라 하고
보리도에 부동不動하니 선정을 닦음이로다.

인 수 무 생 명 반 야
忍受無生名般若요

회 향 방 편 희 구 원
廻向方便希求願이요

무 능 최 력 선 요 지
無能摧力善了智라

여 시 일 체 개 성 만
如是一切皆成滿이로다

무생법인 아는 것을 반야라 하고
회향은 방편이요 구함은 서원이라

꺾지 못할 힘이며 잘 아는 지혜
이와 같이 온갖 것을 모두 만족하도다.

보살의 열 가지 바라밀인 보시와 지계와 인욕과 정진과 선정과 반야와 방편과 원과 힘과 지혜를 모두 밝혔다. 화엄경에서는 언제나 열 가지 바라밀을 수행하는 것으로 되어 있으며, 일반적인 보살 수행의 덕목은 여섯 가지 바라밀이다. 또 사섭법과 사무량심과 열 가지 선행과 인의예지 사단四端도 반드시 수행해야 할 덕목이다. 그러나 그 모든 수행 덕목을 하나로 요약하면 보시이다. 물론 보시에도 재시財施와 법시法施와 무외시無畏施와 무재칠시無財七施 등이 있어서 열 가지 보시가 된다. 하지만 그것은 보시의 종류가 여러 가지가 있다는 것일 뿐이다. 보시 한 가지만을 잘 수행한다고 해도 팔만사천 수행이 이 보시 하나에 다 포섭된다.

자비한 마음으로 보시를 잘하는 사람이 어찌 살생과 도적질과 삿된 음행과 거짓말을 하는 등 계행을 지키지 않겠는가. 보시를 잘하는 사람은 자비심이 많기 때문에 분노하지 않고 인욕도 잘한다. 보시를 잘하는 사람은 끊임없이 쉬지 않으니 그것은 곧 정진이다. 보시는 곧 보시선布施禪이므로 그대로가 선정이다. 보시를 잘한다는 것은 그것이 곧 반야다. 보시는 보살이 하고자 하는 원력이다. 또한 보시보다 더 큰 힘은 없다. 보시가 통하지 않는 일이 있던가. 보시를 잘하는 것은 곧 자비며 지혜다. 그래서 보리심과 불심佛心을 원만히 성취한 경지이다. 실로 보시에는 열 가지 바라밀이 하나도 빠짐없이 충만하다.

(4) 여러 가지 수승함을 밝히다

초 지 반 연 공 덕 만
初地攀緣功德滿이요

이 지 이 구 삼 쟁 식
二地離垢三諍息이요

사 지 입 도 오 순 행
四地入道五順行이요

제 육 무 생 지 광 조
第六無生智光照요

초지에선 반연으로 공덕이 만족하고
제2지에서는 때 여의고 제3지에서는 다툼 쉬고
제4지에서는 도道에 들고 제5지에서는 수순하고
제6지에서는 남[生]이 없는 지혜 광명이 빛나며

칠 주 보 리 공 덕 만　　　종 종 대 원 개 구 족
七住菩提功德滿하야　種種大願皆具足일새

이 시 능 령 팔 지 중　　　일 체 소 작 함 청 정
以是能令八地中에　　一切所作咸淸淨이로다

제7지에서 보리의 공덕 원만하고
가지가지 큰 원을 모두 구족해
이것으로 제8지에 오르게 되면
여러 가지 짓는 일이 청정하리라.

제1지에서 제7지까지 그 뜻과 역할을 간략히 설명하고 제8지에 오르면 여러 가지 하는 일이 청정하게 됨을 밝혔다.

차 지 난 과 지 내 초　　　비 여 세 계 이 중 간
此地難過智乃超가　　譬如世界二中間이며

역 여 성 왕 무 염 착　　　연 미 명 위 총 초 도
亦如聖王無染着이나　然未名爲總超度어니와

제7지 지나가기 어려움을 지혜로 초월하는 것이
비유하면 두 세계의 중간과 같으며

또한 전륜왕이 물들지 않았지마는

모든 것을 초월했다 이름하지 않음과 같도다.

앞의 장문에서 자세히 비유하여 밝힌 내용인데 제7지까지와 제8지 이상의 경지가 다른 점을 설명한 것이다. 즉 수행에 있어서 공용功用과 무공용無功用의 다른 점을 밝힌 것이다.

약 주 제 팔 지 지 중　　　이 내 유 어 심 경 계
若住第八智地中하면　爾乃踰於心境界가

여 범 관 세 초 인 위　　　여 연 처 수 무 염 착
如梵觀世超人位하며　如蓮處水無染着이로다

만약 제8지인 지혜의 경지에 머물게 되면

마음의 경계들을 뛰어넘는 것이

범천에서 인간을 초월하듯 하며

연꽃에 물이 묻지 않는 것과 같도다.

제7지에서 뛰어나 제8지에 머문 점이 다른 것을 비유하였다. 범천이란 바라하마천婆羅賀麼天이라고도 하는데 색계 초선천이다. 범梵은 맑고 깨끗하다는 뜻이다. 이 하늘은 욕계의 음욕을 여의어서 항상 깨끗하고 조용하므로 범천이라 한다. 그러므로 욕계의 인간과는 그 차원이 다르다. 또 연꽃이 진흙탕 물에서 아름다운 꽃을 피우지만 진흙의 더러움이 묻지 않는 것과 같다.

차 지 수 초 제 혹 중 　　불 명 유 혹 비 무 혹
此地雖超諸惑衆이나 　**不名有惑非無惑**이니
이 무 번 뇌 어 중 행 　　이 구 불 지 심 미 족
以無煩惱於中行호대 　**而求佛智心未足**이로다

이 지위에서 모든 번뇌 초월했으나
번뇌 있다 번뇌 없다 하지 않나니
번뇌 없이 그 속에서 행하지마는
부처님 지혜를 구하는 마음이 만족치 못하도다.

번뇌는 사라지고 열반과 해탈을 증득하였으나 그것은 소승 아라한들의 목적이다. 보살불교의 목적은 부처님이 증득하신 지혜를 만족하게 구하여 중생 제도에 장애가 없어야 한다.

(5) 여러 가지 수행이 성취되다

세간소유중기예　　경서사론보명료
世間所有衆技藝와　　**經書辭論普明了**하며

선정삼매급신통　　여시수행실성취
禪定三昧及神通을　　**如是修行悉成就**로다

세간에서 행하는 모든 기예와
경전이나 언론을 두루 다 알고
선정이건 삼매건 모든 신통을
이와 같이 수행하여 모두 성취하도다.

보살 수행의 목적은 항상 중생 교화에 있으므로 중생들을 교화하는 데 필요한 일체 세간의 기예나 경전이나 세속 학문이나 논리나 선정이나 삼매나 일체 신통을 모두모두 성취하여 장애 없이 활용하는 것이다. 실로 많은 사람들에게 불법을 전하여 감동을 주고자 하나 여러 가지 세속적인 지식과 학문과 기예와 이론과 어학이 부족하여 안타까울 때가 많다. 유능한 보살이라면 반드시 갖춰야 한다.

보 살 수 성 칠 주 도　　　초 과 일 체 이 승 행
菩薩修成七住道에　　**超過一切二乘行**이라

초 지 원 고 차 유 지　　　비 여 왕 자 력 구 족
初地願故此由智니　　**譬如王子力具足**이로다

보살이 제7지의 도를 닦아 이루어
일체의 이승행二乘行을 초월하나니
초지初地에선 원력이요 이 지위에선 지혜라
비유하면 왕자의 자기 힘이 구족하듯 하도다.

왕자가 아직 자신의 힘을 구족하지 못하고 왕의 힘을 빌려 권력을 행사하는 것이 아니라 스스로 왕과 같은 힘을 갖추어 그 권력을 행사하는 것과 같은 것이 제7지에서 완전한 지혜를 갖추는 것이다.

성취심심잉진도　　　심심적멸불취증
成就甚深仍進道하며　心心寂滅不取證이

비여승선입해중　　　재수불위수소익
譬如乘船入海中하야　在水不爲水所溺이로다

깊은 법을 성취하고 도에 나아가
마음이 적멸하나 증득하지는 않나니
배를 타고 바다에 들어가듯이
물속에 있으면서 빠지지 않음과 같도다.

보살이 깊은 법을 성취하고 도에 나아가 마음이 적멸하나 증득하지는 않는다는 것은 적멸한 마음속에 머물러 있지 않는다는 뜻이다. 보살은 마음을 늘 적멸한 참마음에 뿌리를 두면서도 활발발活鱍鱍하게 중생 교화를 펼쳐야 하기 때문이다.

방편혜행공덕구　　　일체세간무능료
方便慧行功德具하니　一切世間無能了라

방편 지혜 행하여 공덕 갖추니

일체 세간 사람들은 알 수 없도다.

(6) 제7 원행지에 오른 공과를 말하다

공 양 다 불 심 익 명	여 이 묘 보 장 엄 금
供養多佛心益明	如以妙寶莊嚴金이로다

많은 부처님께 공양하며 마음 더욱 밝으니

묘한 보배로써 진금을 장엄한 듯하도다.

차 지 보 살 지 최 명	여 일 서 광 갈 애 수
此地菩薩智最明이	如日舒光竭愛水하며
우 작 자 재 천 중 주	화 도 군 생 수 정 지
又作自在天中主하야	化導群生修正智로다

제7지 보살 지혜가 가장 밝아서

태양이 애착의 물을 말리듯 하고

또한 자재천의 임금이 되어

중생에게 바른 지혜 닦도록 가르치도다.

약 이 용 맹 정 근 력 　　획 다 삼 매 견 다 불
若以勇猛精勤力인댄 　　獲多三昧見多佛

백 천 억 수 나 유 타 　　원 력 자 재 부 과 시
百千億數那由他어니와 　　願力自在復過是로다

만약 용맹하게 정진한다면
많은 삼매 얻고서 많은 부처님 친견하며
백천억 나유타를 친견하지만
자재한 원력으로는 이보다 훨씬 많도다.

차 시 보 살 원 행 지 　　방 편 지 혜 청 정 도
此是菩薩遠行地에 　　方便智慧淸淨道니

일 체 세 간 천 급 인 　　성 문 독 각 무 능 지
一切世間天及人과 　　聲聞獨覺無能知로다

이것은 보살들이 원행지遠行地에서
방편 지혜로 얻은 청정한 도道이니
일체 세간 천신이나 여러 사람과
성문과 독각들도 알지 못하리라.

제7 원행지에 오른 공과에 대해서는 앞에서 여러 번 나온 내용들이라 번거롭게 중언부언하지 않는다. 제7지에 오른 보살의 수행을 어찌 천신이나 세상 사람이나 성문이나 연각들과 비교할 수 있겠는가. 너무나 당연한 말이다.

십지품 4 끝

〈제37권 끝〉

華嚴經 構成表

<table>
<tr><th>分次</th><th colspan="2">周次</th><th>內容</th><th>品數</th><th>會次</th></tr>
<tr><td>擧果勸樂生信分
(信)</td><td colspan="2">所信因果周</td><td>如來依正</td><td>世主妙嚴品 第一
如來現相品 第二
普賢三昧品 第三
世界成就品 第四
華藏世界品 第五
毘盧遮那品 第六</td><td>初會</td></tr>
<tr><td rowspan="9">修因契果生解分
(解)</td><td rowspan="7">差別因果周</td><td rowspan="6">差別因</td><td>十信</td><td>如來名號品 第七
四聖諦品 第八
光明覺品 第九
菩薩問明品 第十
淨行品 第十一
賢首品 第十二</td><td>二會</td></tr>
<tr><td>十住</td><td>昇須彌山頂品 第十三
須彌頂上偈讚品 第十四
十住品 第十五
梵行品 第十六
初發心功德品 第十七
明法品 第十八</td><td>三會</td></tr>
<tr><td>十行</td><td>昇夜摩天宮品 第十九
夜摩天宮偈讚品 第二十
十行品 第二十一
十無盡藏品 第二十二</td><td>四會</td></tr>
<tr><td>十迴向</td><td>昇兜率天宮品 第二十三
兜率宮中偈讚品 第二十四
十迴向品 第二十五</td><td>五會</td></tr>
<tr><td>十地</td><td>十地品 第二十六</td><td>六會</td></tr>
<tr><td>等覺</td><td>十定品 第二十七
十通品 第二十八
十忍品 第二十九
阿僧祇品 第三十
如來壽量品 第三十一
菩薩住處品 第三十二</td><td rowspan="4">七會</td></tr>
<tr><td>差別果</td><td rowspan="3">妙覺</td><td>佛不思議法品 第三十三
如來十身相海品 第三十四
如來隨好光明功德品 第三十五</td></tr>
<tr><td rowspan="2">平等因果周</td><td>平等因</td><td>普賢行品 第三十六</td></tr>
<tr><td>平等果</td><td>如來出現品 第三十七</td></tr>
<tr><td>托法進修成行分
(行)</td><td colspan="2">成行因果周</td><td>二千行門</td><td>離世間品 第三十八</td><td>八會</td></tr>
<tr><td>依人證入成德分
(證)</td><td colspan="2">證入因果周</td><td>證果法門</td><td>入法界品 第三十九</td><td>九會</td></tr>
</table>

(資料：文殊經典研究會)

會場	放光別	會主	入定別	說法別擧
菩提場	遮那放齒光眉間光	普賢菩薩爲會主	入毘盧藏身三昧	如來依正法
普光明殿	世尊放兩足輪光	文殊菩薩爲會主	此會不入定 · 信未入位故	十信法
忉利天宮	世尊放兩足指光	法慧菩薩爲會主	入無量方便三昧	十住法門
夜摩天宮	如來放兩足趺光	功德林菩薩爲會主	入菩薩善思惟三昧	十行法門
兜率天宮	如來放兩膝輪光	金剛幢菩薩爲會主	入菩薩智光三昧	十廻向法門
他化天宮	如來放眉間毫相光	金剛藏菩薩爲會主	入菩薩大智慧光明三昧	十地法門
再會普光明殿	如來放眉間口光	如來爲會主	入刹那際三昧	等妙覺法門
三會普光明殿	此會佛不放光 · 表行依解法依解光故	普賢菩薩爲會主	入佛華莊嚴三昧	二千行門
祇陀園林	放眉間白毫光	如來善友爲會主	入獅子頻申三昧	果法門

如天 無比

1943년 영덕에서 출생하였다. 1958년 출가하여 덕홍사, 불국사, 범어사를 거쳐 1964년 해인사 강원을 졸업하고 동국역경연수원에서 수학하였다. 10여 년 선원생활을 하고 1976년 탄허 스님에게 화엄경을 수학하고 전법. 이후 통도사 강주, 범어사 강주, 은해사 승가대학원장, 대한불교조계종 교육원장, 동국역경원장, 동화사 한문불전승가대학원장 등을 역임하였다.
2018년 5월에는 수행력과 지도력을 갖춘 승랍 40년 이상 되는 스님에게 품서되는 대종사 법계를 받았다. 현재 부산 문수선원 문수경전연구회에서 150여 명의 스님과 300여 명의 재가 신도들에게 화엄경을 강의하고 있다. 또한 다음 카페 '염화실'(http://cafe.daum.net/yumhwasil)을 통해 '모든 사람을 부처님으로 받들어 섬김으로써 이 땅에 평화와 행복을 가져오게 한다.'는 인불사상人佛思想을 펼치고 있다.

저서로 『무비 스님의 유마경 강설』(전 3권), 『대방광불화엄경 실마리』, 『무비 스님의 왕복서 강설』, 『무비 스님이 풀어 쓴 김시습의 법성게 선해』, 『법화경 법문』, 『신금강경 강의』, 『직지 강설』(전 2권), 『법화경 강의』(전 2권), 『신심명 강의』, 『임제록 강설』, 『대승찬 강설』, 『당신은 부처님』, 『사람이 부처님이다』, 『이것이 간화선이다』, 『무비 스님과 함께하는 불교공부』, 『무비 스님의 증도가 강의』, 『일곱 번의 작별인사』, 무비 스님이 가려 뽑은 명구 100선 시리즈(전 4권) 등이 있고 편찬하고 번역한 책으로 『화엄경(한글)』(전 10권), 『화엄경(한문)』(전 4권), 『금강경 오가해』 등이 있다.

대방광불화엄경 강설 제37권

| **초판 1쇄 발행_** 2016년 3월 9일
| **초판 3쇄 발행_** 2021년 5월 29일

| **지은이_** 여천 무비(如天 無比)
| **펴낸이_** 오세룡
| **편집_** 박성화 손미숙 유나리
| **기획_** 최은영 곽은영
| **디자인_** 고혜정 김효선 장혜정
| **홍보 마케팅_** 이주하
| **펴낸곳_** 담앤북스
서울특별시 종로구 새문안로3길 23 경희궁의 아침 4단지 805호
대표전화 02)765-1251 전송 02)764-1251 전자우편 damnbooks@hanmail.net
출판등록 제300-2011-115호
| ISBN 978-89-98946-85-2 04220

정가 14,000원

解脫月菩薩